BANGKOK

INSIDER-TIPP
Deine Abkürzung ins Erleben!

Reisen mit MARCO POLO Insider-Tipps

MARCO POLO TOP-HIGHLIGHTS

GRAND PALACE UND WAT PHRA KAEO ★1

Palast und Tempel sind ein Gebäudeensemble wie aus einem orientalischen Märchen

📷 *Tipp: In den schattigen Wandelgängen der Galerie warten zauberhafte Motive aus dem Ramakien auf Foto-Enthusiasten, etwa der zähnefletschende Dämonenkönig Ravana*

➤ S. 32

WAT PHO ★2

46 goldene Meter von Kopf bis Fuß: Milde lächelnd streckt sich der Buddha im Kloster aus

📷 *Tipp: Warte auf eine Lücke im Andrang und versuch, ein gutes Foto der riesigen Fußsohle mit den vielen buddhistischen Symbolen zu machen*

➤ S. 33

LUMPHINI PARK ★3

Klassische Konzerte hören, Tai-Chi üben oder Tretboot fahren – diese grüne Lunge bietet jede Menge Abwechslung

➤ S. 44

JIM THOMPSON HOUSE ★4

Feinster Thai-Stil in Teakholzbauten: Die ehemalige Residenz des Amerikaners, der die Seidenherstellung wieder zum Leben erweckt hat, ist eine Kunst-Schatztruhe (Foto)

➤ S. 48

THONBURI ★5

Auf Wasserstraßen unterwegs: Das einstige „Venedig des Ostens" mit seinen Kanälen kannst du in diesem Stadtteil vom rasenden Boot aus auch heute noch erleben

📷 *Tipp: Wenn hier die Kids jauchzend im Wasser spielen, musst du schnell sein beim „Vorbeischießen", sprich Auslösen …*

➤ S. 55

WAT BENJAMABOPHIT 6

Aus weißem Carrara-Marmor ist dieser Traum von einem Tempel gebaut. Und Buddha ist hier überall

➤ S. 56

LEBUA – THE DOME 7

Hier speist es sich einfach himmlisch – zum Beispiel im höchstgelegenen Open-Air-Restaurant der Welt

📷 *Tipp: Auch die Skybar eignet sich bestens fürs Bangkok-Panorama, nicht nur zum tollen Feuerwerk beim Fest Loi Kratong*

➤ S. 68

SIAM PARAGON 8

Luxuriös und gigantisch: Der Shoppingtempel, der als Südostasiens größter gilt, ist die reinste Glitzerwelt

➤ S. 84

CALYPSO CABARET 9

Im abgedrehten Ambiente ziehen die Showgirls eine rasante Travestierevue ab

📷 *Tipp: Hier bekommst du ein tolles Motiv von den strahlenden „ladyboys" – überall sonst lassen sich die Herren Damen dafür nämlich extra bezahlen*

➤ S. 102

CHINATOWN 10

Ein Bummel durch Chinatown verheißt nicht nur viele tolle Fotomotive, auch lukullisch geht's richtig lecker zu.

➤ S. 41

INHALT

**BESSER PLANEN
MEHR ERLEBEN!**

Digitale Extras
go.marcopolo.de/app/ban

Besuch planen

€–€€€ Preiskategorien

(*) Kostenpflichtige Telefonnummer

Bei Regen

Low Budget

Mit Kindern

Typisch

(A2) Herausnehmbare Faltkarte
(a2) Zusatzkarte auf der Faltkarte
(0) Außerhalb des Faltkartenausschnitts

MARCO POLO TOP-HIGHLIGHTS

2 Die 10 besten Highlights

DAS BESTE ZUERST

8 ... bei Regen
9 ... Low-Budget
10 ... mit Kindern
11 ... typisch

SO TICKT BANGKOK

14 Entdecke Bangkok
19 Auf einen Blick
20 Bangkok verstehen
23 Klischeekiste

26 SIGHTSEEING

30 Rattanakosin
37 Banglamphoo
41 Chinatown & Pahurat
44 Silom & Lumphini Park
47 Pratunam/Siam Square/ Sukhumvit
52 Phra Nakhon/ Rund um die City Hall
54 Außerdem sehenswert

58 ESSEN & TRINKEN

76 SHOPPEN & STÖBERN

92 AUSGEHEN & FEIERN

AKTIV & ENTSPANNT

106 Sport, Spaß & Wellness
108 Feste & Events
110 Schöner schlafen

ERLEBNISTOUREN

116 Bangkok perfekt im Überblick
119 Durch Chinatown und Little India
123 Tempeltour im Herzen des alten Bangkok
125 Von der Sukhumvit Road zum See der großen Fische

GUT ZU WISSEN

128 **DIE BASICS FÜR DEINEN STÄDTETRIP**
Ankommen, Mobil sein, Vor Ort, Notfälle, Wichtige Hinweise, Wettertabelle
136 **SPICKZETTEL ENGLISCH**
Nie mehr sprachlos
138 **BANGKOK-FEELING**
Bücher, Filme, Musik & Blogs
140 **TRAVEL PURSUIT**
Das MARCO POLO Urlaubsquiz
142 **REGISTER & IMPRESSUM**
144 **BLOSS NICHT!**
Fettnäpfchen und Reinfälle vermeiden

DAS BESTE ZUERST

Goldene Dämmerung: Wat Phra Kaeo

BEST OF
BEI REGEN

SCHÖN, AUCH WENN ES REGNET

GESCHICHTE ERLEBEN
Das moderne *Museum of Siam* präsentiert die Geschichte und Kultur des Königreichs gewürzt mit unverkrampftem Humor und viel Kreativität. Hier erfährst du auf faszinierende multimediale Weise, was typisch thai ist, *thainess* eben.
➤ S. 34

SKYWALK ZUM SHOPPING
Bangkoks wichtigste Shoppingmeile liegt an der Skytrain-Route. Auch wenn es regnet, gelangt man trocken in die Kommerztempel (Foto), zum Beispiel direkt in das riesige Einkaufszentrum *Central World*. Der überdachte Skywalk macht's möglich.
➤ S. 82

AB INS AQUARIUM
Draußen regnet es, und du tauchst ab – in den gläsernen Tunnel unter dem Haifischbecken in der riesigen *Sea Life Bangkok Ocean World*. Auch Pinguine, Mantas, viele bunte Fischschwärme und sogar einen Dschungel gibt's hier.
➤ S. 84

DAS REINSTE (SHOPPING-)VERGNÜGEN
Du bist modetechnisch trendbewusst? Dann gehst du bei schlechtem Wetter am besten in die *Platinum Fashion Mall*. Vor allem für Frauen ist sie ein Paradies: Mehr als 80 Prozent der Läden sind nur für Damen …
➤ S. 84

BESUCH BEI BEYONCÉ & CO.
Was machen Beyoncé und Brad Pitt gemeinsam in Bangkok? Sie warten nur auf dich – aber Pech gehabt: leider nur als lebensechte Plastiken im Wachsfigurenkabinett *Madame Tussauds*. Neben all den globalen Berühmtheiten ist auch die thailändische Prominenz vertreten.
➤ S. 50

BEST OF LOW-BUDGET

FÜR DEN KLEINEN GELDBEUTEL

EIN KLOSTER WIE GEMALT

Abseits ausgetretener Pfade darf man (noch!) ohne Obolus und Massenandrang sehenswerte Klöster besuchen. Der *Wat Bowonniwet* ist eine Oase der Ruhe mit Fischteichen, exquisiten Wandmalereien und Gläubigen in tiefer Zwiesprache mit Buddha.

➤ S. 38

FITNESS UND SINFONIEN IM PARK

Im *Lumphini Park* kannst du gratis an Fitnessgeräten trainieren. Und mehr noch: Von Dezember bis Februar gibt das Bangkok Symphony Orchestra sonntägliche Konzerte bei freiem Eintritt. Bring (von Dezember bis Februar) doch einen Picknickkorb mit zum „Concert in the park"!

➤ S. 44

IMMER MIT DER RUHE

So viele *Must-sees* in Bangkok – das kann ganz schön stressen. Gut, dass es auch kleine Oasen gibt, in denen du entspannen kannst, bevor du zum nächsten Highlight losziehst. Die meisten Parks kosten Eintritt, nicht so der ehemals königliche Garten in der Nähe des Grand Palace, der *Suan Saranrom*.

➤ S. 37

NOSTALGISCHE ATEMPAUSE

Schon um dir auch mal eine kleine Verschnaufspause mitten auf der trubeligen Sukhumvit zu gönnen, lohnt sich der Besuch der antiken Anlage des nordthailändischen *Kamthieng House*, wenn du in der Nähe bist. Eine kleine Spende kannst du trotzdem geben.

➤ S. 51

ZENTRUM DER AVANTGARDE

Kostenloser Einblick: Welche Trends in der thailändischen Kunstszene gerade angesagt sind, zeigt dir das *Bangkok Art and Culture Centre*. Schon das futuristisch gestylte Kunsthaus selbst ist ein Hingucker (Foto).

➤ S. 49

BEST OF

MIT KINDERN

SPANNENDES FÜR GROSS & KLEIN

FUN FOR KIDS

Keine Lust auf Sightseeing? Dann ab zur *Duriyapraneet Foundation*. Statt Tempelbesichtigung steht Unterricht in traditionellen thailändischen Tänzen und Instrumenten auf dem Programm. Die Eltern dürfen natürlich auch mitmachen.

➤ S. 41

TOBEN IN BUNTEN WELTEN

Dream World ist die thailändische Variante von Disneyland: Themenpark und Phantasialand, Traumgarten und Spielplatz mit allem, was Kinderherzen wünschen. Da bekommen selbst Eltern Lust, mitzutoben (Foto).

➤ S. 57

LASS DICH UMSCHLÄNGELN

Hier kommt man Schlangen, auch giftigen, mal so richtig nah. Aber ganz ohne Risiko, denn die Königskobras und anderen Arten werden hinter Glas gehalten. In der *Snake Farm*, der zweitältesten Schlangenfarm der Welt, kann man dabei zusehen, wie das Gift gewonnen wird und erfährt allerhand zu den Tieren und zur Forschung.

➤ S. 44

DRACHEN AHOI!

Mitten in der Großstadt Drachen steigen lassen? In Bangkok ist das möglich, auf der großen Freifläche *Sanam Luang* (vor dem Grand Palace) und im *Lumphini Park*. Dort bieten auch Händler die bunten Kunstvögel an. Drachensaison ist, wenn Wind über Bangkok weht – meist Mitte Februar bis Ende April.

➤ S. 35, 44

SPIELEND NEUES LERNEN

Das können deine Kids im *Children's Discovery Museum:* Ob als kleine Feuerwehrfrau, Hobbyarchäologe oder Architekt im Sandkasten. Das Ganze bei freiem Eintritt.

➤ S. 107

BEST OF

TYPISCH

DAS ERLEBST DU NUR HIER

LIVE AUF ALLEN KANÄLEN

Weitverzweigte Kanäle *(klongs)* durchziehen den Stadtteil *Thonburi* wie ein Spinnennetz. Mit Booten (Foto) kannst du tief eintauchen in eine Welt, wo noch schindelgedeckte Holzhäuser ins Wasser gepfählt sind.

➤ S. 55

BARS & BUDEN

In eine Barmeile zum Shoppen? In der *Patpong* findest du Läden neben Gogo-Bars, und jeden Abend bauen Straßenhändler ihre Stände auf. Wenn du dich nicht von Schleppern in eine Sexshow lotsen lässt, kannst du hier mit der ganzen Familie bummeln.

➤ S. 96, 45

GANZ NACH MASS

Auf den ersten Blick scheint jeder zweite Shop in Bangkok eine Schneiderei zu sein. Aber nicht jeder ist auch ein Meister seines Fachs. Wer also mit Schnäppchenpreisen lockt und dazu Schlepper vor der Tür stehen hat, näht oft mit heißer Nadel. Geh lieber zu etablierten Profis wie *Pinky Tailor*.

➤ S. 90

MARKT DER VERGNÜGUNGEN

Wie sagte schon Buddha: „Alles ist vergänglich." Auch wenn es nicht mehr ganz die echten alten *Floating Markets* sind, lässt es sich auf den heutigen „Schwimmenden" Märkten gut stöbern und schmausen, schnuppern und schauen – alles auf festem Boden.

➤ S. 54

IMBISS UM MITTERNACHT

Fast Food auf dem Gehsteig: An den Straßen der Metropole zaubern Garköche köstliche Snacks und Mahlzeiten. Da sich einzelne Stände meist nur auf wenige Gerichte konzentrieren, können sie diese nahezu in Perfektion zubereiten und zum kleinen Preis anbieten, etwa in der *Yaowarat Road*.

➤ S. 67

SO TICKT BANGKOK

Bangkoks wilder Verkehr ganz hautnah: unterwegs im Tuk-Tuk

MONIKA
NGK SPARK PLUG

ENTDECKE BANGKOK

Bangkok mit Überblick: Mit dem Skytrain geht es schnell und bequem durch die Stadt

Bangkok zwischen Himmel und Erde, Gestern und Heute: Spitzenköche kreieren Gourmetkost in edlen Rooftop-Restaurants im 60. Stock, unten brutzeln fliegende Straßenköche in ihren rollenden Garküchen Fleischspießchen auf Holzkohlefeuern. Eine blitzblanke U-Bahn flitzt durch den Untergrund, auf stillen Kanälen paddeln Gemüseverkäuferinnen. In Clubs feiern die jungen Wilden zu dröhnenden Bässen, während in den Klöstern Mönche in Meditation versunken sind.

GELASSEN BLEIBEN IM PERMANENTEN WANDEL

Bangkok ist eine Megacity, typisch thailändisch und kosmopolitisch zugleich. Sie vereint Tradition und Moderne, hält die Vergangenheit fest und nimmt Besucher gleichzeitig mit auf eine Reise in die Zukunft. Eine Metropole voller faszi-

1767 General Taksin lässt sich zum König krönen und macht Thonburi zur neuen Hauptstadt von Siam

1782 König Rama I. verlegt die Hauptstadt ans andere Ufer in das Dorf Ban Makok

1863 Die erste Straße wird gepflastert: die Charoen Krung

1941–1944 Bangkok wird von japanischen Truppen besetzt und mehrfach von den Alliierten bombardiert

1946 König Bhumibol Adulyadej wird als König Rama IX. ernannt und 1950 gekrönt

nierender Gegensätze und permanent im Wandel. Die Stadt greift nach den Sternen: Immer höher werden die Apartmenttürme am Fluss Chao Phraya, immer größer und eleganter die Shoppingcenter. Bangkok setzt Trends: Thailands Hauptstadt hat sich innerhalb weniger Jahre zur Design- und Fashionhochburg Südostasiens gemausert. Boutiquehotels locken stilbewusste Traveller mit individuell dekorierten Zimmern. Architekten entwerfen futuristische Hochhäuser wie den King Power Mahanakhon, der wie ein gigantischer, aus Legosteinen errichteter Wolkenkratzer wirkt.

Bangkok ist auf den ersten Blick das reine Chaos: Vielspurige Highways zerschneiden den Großstadtdschungel mit seinen Betonbauten und Staus. Über die Gehsteige schieben sich Menschenmassen zwischen fliegenden Händlern und Garküchen hindurch und müssen Mopedfahrern ausweichen, die das Trottoir als Schleichweg benutzen. Die Thais haben sich daran gewöhnt. *„Mai pen rai"*, sagen sie, „das macht nichts." Wer in Bangkok nicht gelassen bleibt, strapaziert seine Nerven.

NICHTS WIE RAUS AUS DEM MOLOCH – ECHT JETZT?

Vielleicht geht es dir so wie vielen Besuchern, die zum ersten Mal in Thailands Metropole kommen: Sie wollen so schnell wie möglich wieder raus aus diesem Moloch. Es gibt kein eigentliches Zentrum, keine klare Trennung zwischen Wohn- und Geschäftsvierteln. Hier ist alles überall gleichzeitig. Aber wer ohne Vorbehalte auf Entdeckungstour geht, wird bald herausfinden, dass Bangkok selbst im

1973 Bei Studenten-Unruhen lässt General Kittikachorn auf die Demonstranten schießen, 70 von ihnen sterben

2011 Die Stadt wird von der größten Flutkatastrophe seit 50 Jahren erfasst. Ein Grund für das enorme Ausmaß ist das rasante Verschwinden der Klongs

2023 Der größte Bahnhof Südostasiens (Bang Sue Grand Station) und eine neue U-Bahnlinie (MRT Orange Line) werden eröffnet

2024 Eine achtspurige Brücke über den Chao-Phraya soll fertig werden

größten Durcheinander eine Stadt der positiv gestimmten Menschen ist. Und wer hinter die moderne westliche Fassade schaut, kann erkennen und auch erleben, dass die Metropole noch immer voller Tradition und Exotik steckt.
Nur kurz währt die Dämmerung in den Tropen. Schneller als die Sonne über dem Horizont aufsteigt, frisst sich der Morgenverkehr fest. Ein Taxi ist eingekeilt auf einer Brücke über einem *klong,* einem Kanal. Der Fahrer trommelt mit dem Daumen seinen Frust aufs Lenkrad. Plötzlich hält er inne und lächelt entschuldigend. Sein Blick fällt aufs Wasser, auf eine alte Frau in einem Holzboot. Sie paddelt mit kurzen Schlägen, gleitet mühelos voran. Jetzt grinst der Fahrer. Er weiß: Wenn das ganze moderne Bangkok wie ein Spuk verschwände, wäre es keine Tragödie. Nach der Lehre Buddhas ist nichts von Bestand in diesem Leben. Regentropfen werden zu Meeren, Meere zu Regentropfen. Ein ewiger Kreislauf. Die Thais würden einfach wieder zum Paddel greifen.

VON DER STADT ZUR METROPOLE

Um 1900 lebten bereits eine halbe Million Menschen in der Hauptstadt des damaligen Siam. Bangkok war schon eine große Stadt, aber keine Großstadt. Eher eine Ansammlung von Dörfern, in denen Handwerker und ihre Familien lebten. Reismühlen und Sägewerke säumten den Chao Phraya, Thailands längsten Strom, der mitten durch die Metropole fließt. Die meisten Häuser waren aus Holz. Nur einige Geschäfts- und Regierungsgebäude, die Tempel und Paläste wurden aus Stein errichtet. Deshalb wirst du auch nur wenige private Bauten entdecken, die hundert Jahre alt oder älter sind. Das erste Automobil knatterte zwar schon 1897 durch Bangkok, aber nur wenige Kilometer Straßen waren damals gepflastert.

Per Moped durch Bangkok? Überlass das besser den Profis

Der Fluss und die Kanäle bildeten die wichtigsten Verkehrswege, übrigens nicht ganz ungefährliche: Noch um 1900 schwammen Krokodile im Chao Phraya. Wer sich traute, eins zu fangen, konnte sich von den Behörden eine Belohnung abholen. Frühe Reisende aus dem Westen beschrieben Bangkok als das „Venedig des Ostens“, als eine amphibische Stadt, in der Kinder mit dem Paddel in der Hand aufwuchsen. Längst sind viele Kanäle zugeschüttet oder zu Asphaltpisten geworden. Aber den Stadtteil Thonbu-

Schwimmende Märkte versorgten die Städter schon lange bevor es Supermärkte gab

ri zerteilt noch immer ein Netz von Wasserwegen. Wer selbst ein Boot chartert und dorthin vordringt, wo die Touristenschiffe nicht mehr genug Wasser unterm Kiel haben, sieht auch heute noch das Bangkok von einst. Palmen werfen ihre Schatten auf schindelgedeckte Pfahlhäuser an grünen Ufern. Eine alte Frau kocht Reis auf einem Ofen, der wie ein durchlöcherter Blumentopf aussieht. Eine „schwimmende" Marktfrau gleitet in ihrem mit großen Körben voll Knoblauch und Chilis, Tomaten und Gurken beladenen Boot zu ihrer Kundschaft. Auf einem Anlegesteg meditiert ein Mönch in orangefarbener Robe. Und ein paar Meter weiter planschen Kinder im Wasser. Es gibt sie weiterhin, diese Plätze, an denen selbst im hektischen Bangkok noch Ruhe herrscht.

DIE „STADT DER ENGEL"

Vieles hat sich verändert, seit König Rama I. im Jahr 1782 die Hauptstadt Siams von Thonburi in das unbedeutende Dorf Bangkok auf der anderen Seite des Chao Phraya verlegte. Er taufte die neue Hauptstadt Krung Thep: Stadt der Engel. Auch wenn sich im internationalen Sprachgebrauch „Bangkok" durchgesetzt hat, nennen die Thais seit Jahr und Tag ihre Kapitale bei ihrem schöneren Namen. Heute ist die Metropole das mit großem Abstand bedeutendste Wirtschaftszentrum des Landes. Im Großraum Bangkok wird über ein Drittel des Bruttoinlandsprodukts erwirtschaftet. Die Millionenstadt zieht Landflüchtlinge auf Jobsuche an wie ein Magnet. Laut Statistik leben rund 9 Mio. Menschen (Stadtgebiet) in der Hauptstadt, doch die exakte Zahl ihrer Bewohner kennt niemand ganz genau. Denn ein großer Teil stammt aus den armen Provinzen des Landes, vor-

nehmlich aus dem dürregeplagten Nordosten, und ist nach wie vor in den Heimatorten gemeldet.
So wuchert Bangkok in die Breite und schießt in die Höhe. Als 1970 das Hotel Dusit Thani mit seinen 23 Stockwerken eröffnet wurde, sagten Skeptiker: Höher geht's nicht, und verwiesen auf Studien, nach denen die Hauptstadt Jahr für Jahr tiefer im Schwemmland versinkt. Heute ragt ein Meer von Wolkenkratzern bis in die Dunstglocke über der Stadt. Etwa der 2019 eingeweihte, 70 Stockwerke hohe Magnolias Waterfront Residences Tower, Teil des gigantischen Icon-Siam-Projekts, der das Dusit Thani zum Zwerg degradiert hat: Mit seinen 316 m Höhe hält er weiterhin den Rekord in Thailand.
Bangkok ist auch das unbestrittene kulturelle und religiöse Zentrum Thailands. Rund 95 Prozent der Thais bekennen sich zum Buddhismus, der Lehre des Siddhartha Gautama, genannt Buddha. Vom älteren Geisterglauben haben sie deswegen aber nicht abgelassen. Damit die Geister nicht heimatlos umherschwirren, muss ihnen ein Haus gebaut werden. Meist ist es kaum größer als ein Vogelhäuschen und steht auf einem Pfosten im Garten, in der Hofeinfahrt oder auf dem Parkplatz. An keinem Morgen wird versäumt, den unsichtbaren Nachbarn Opfergaben darzubringen: Blumen, Reis, ein Glas Wasser, Räucherstäbchen. Diese Spiritualität bestimmt das alltägliche Leben in Bangkok ebenso wie die Rushhour auf der Sukhumvit Road, einer der größten Verkehrsadern der Stadt.

MITREISSEND – ERLEBE DIE KONTRASTE!

Wer nach Bangkok kommt, wird schnell das typische „Aroma" der Stadt wahrnehmen, erzeugt von qualmenden Bussen, knatternden Tuk-Tuks und den unzähligen Autos oder Motorrädern. Staus sind an der Tagesordnung: Wo sich die vielspurigen Hauptstraßen Ploenchit, Rama I und Ratchadamri treffen, stehen nicht selten alle Räder still. Nur hoch über der Kreuzung geht es voran: im Skytrain. Eine Augenweide ist die Hochbahnstrecke nicht. Doch selbst hier, an diesem urbanen Albtraum einer Kreuzung, ist Bangkok anders als jede andere Metropole mit Verkehrsproblemen. Der Duft von Räucherstäbchen legt sich über die Abgasschwaden, klassische Thai-Musik dringt durch Pfeifengetriller und Motorenlärm. Und auch die grazilen Tänzerinnen in ihren glitzernden Prunktrachten sind keine Sinnestäuschung. Sie tanzen um eine vergoldete Statue des Hindugottes Brahma im Erawan Shrine. Zu diesem pilgern Bauarbeiter und Bankdirektoren, Barmädchen knien neben Hausfrauen mit Lotosblüten in den gefalteten Händen.
Natürlich ist Bangkok voller Sehenswürdigkeiten, die ein touristisches Muss sind. Aber das Leben in seiner ganzen Vielfalt entdeckst du erst, wenn du dich unter die Menschen mischst – beim Eintauchen ins Labyrinth der Märkte oder bei der Atempause in einem *wat*, einem der 400 Klöster der Stadt. Nach dem Besuch in einem pompösen Einkaufszentrum voller Glitzerpracht geht es mit einem *klong*-Boot durch eine Welt, in der die Zeit stillzustehen scheint. Es sind diese Gegensätze, die eine Reise nach Bangkok zum unvergesslichen Erlebnis machen.

AUF EINEN BLICK

CA. 9 MIO.
Einwohner (Stadtgebiet)

Berlin: 3,7 Mio.

360 KM

Länge des Chao Phraya
Rhein in Deutschland: 865 km

400
buddhistische Tempel und Klöster

Berlin: 350 christliche Kirchen

1.565 km²
Fläche

Berlin: 892 km²

STADT MIT DEN MEISTEN BESUCHERN WELTWEIT

30 MIO.

Besucher werden 2023 erwartet

KÄLTESTE TAGES-MITTELTEMPERATUR

20°C

IM DEZEMBER

ERSTE ELEKTRISCHE STRASSENBAHN IN BANGKOK

1893

DIE ERSTE WELTWEIT (BERLIN): 1881

LÄNGSTER HAUPTSTADTNAME DER WELT:
Krung Thep Mahanakorn Amornrattanakosin Mahinthara Mahadhilokphob Nopparatjathani Burirom Udomratjanivet Mahasathan Amornpimarn Auwatharnsathit Sakaraya Vishnukarmprasit

IN BANGKOK GEDREHTE KINOFILME
James Bond 007: „Der Mann mit dem goldenen Colt“ (1974) und „Der Morgen stirbt nie“ (1997) – als Kulisse für Saigon; „Die durch die Hölle gehen“ (1979) – als Shanghai-Kulisse; Only God Forgives (2013)

NATIONAL MUSEUM

BANGKOKS NATIONALMUSEUM IST DAS GRÖSSTE SEINER ART IN SÜDOSTASIEN

BANGKOK VERSTEHEN

GLÜCKSBOTEN

Thais wissen es: Das Unglück schläft nie. Deshalb heißt es, sich so gut es eben geht, dagegen zu wappnen. In Bangkok laufen einem ständig Thais über den Weg, die Amulette *(phra pim)* um den Hals tragen. Meist handelt es sich dabei um kleine Buddhafiguren oder Miniaturabbilder berühmter Mönche. Leute mit besonders gefährlichen Berufen, wie etwa Bus- oder Taxifahrer, hängen sich schon mal mit einem ganzen Dutzend solcher Glücksbringer gespickte Goldketten um und erhoffen sich so Beistand gegen die Widrigkeiten des Lebens, gegen die chinesische Triaden-Mafia oder auch Impotenz. Die Amulette oder kleine *Lingam*-Phalli können natürlich nur dann wirken, wenn ein Mönch sie mit Weihwasser und Gebet geweiht hat.

SCHÖNER WOHNEN FÜR GEISTER

Auch wenn sie noch so gläubige Buddhisten sind – zu 95 Prozent! – die Welt der Thais ist voller Geister *(phii)*. Damit diese nicht Unheil stiftend umherirren, muss ihnen ein Haus gebaut werden. Egal, ob es klein und schlicht wie ein Vogelhäuschen ist oder meterhoch und prächtig wie ein Tempel. Diese *san phra phum* stehen vor Geschäften, Hotels und Shoppingcentern genauso wie vor Wohnhäusern und Banken. Tägliche Opfergaben sollen die unsichtbaren Nachbarn besänftigen: Räucherstäbchen, Blumen, ein Schälchen Reis, eine Orange oder eine Cola, an besonders wichtigen Tagen steht für die Geister auch schon mal ein gebratenes Hühnchen im Schrein. Viele Passanten erweisen ihnen mit gefalteten Händen Reverenz, wenn sie an einem Schrein vorbeilaufen. Das größte und berühmteste Geisterhaus der Stadt ist der Erawan Shrine an der Ecke Ploenchit Road/ Ratchadamri Road, zu dem täglich Tausende pilgern, um Beistand zu erbitten. Von den Gläubigen bezahlte Tänzerinnen in Prunkgewändern beteiligen sich hier beispielsweise daran, den Hindu-Gott Brahma zu ehren – und es half: Die tödlichen Unfälle beim Bau des Erawan Hotels (heute Grand Hyatt Erawan) hörten auf …

DER KÖNIG IST TOT, ES LEBE …

… der neue König! Ganz so platt geht es in Thailands Chakri-Dynastie aber dann doch nicht zu. Der hochverehrte König Bhumibol Adulyadej (geb. 1927 in den USA) verstarb Ende 2016: Der nach immerhin 70 Herrscherjahren dienstälteste Monarch der Welt war auch das weltweit am längsten amtierende Staatsoberhaupt! Er war, so sagen die Thais, die Seele der Nation. 300 000 Menschen sangen bei einem Erinnerungsgebet am zentralen Sanam Luang in Bangkok gemeinsam die königliche Hymne – ein Gänsehautmoment. Nach einem ganzen Jahr Staatstrauer und der Einäscherung im Oktober 2017 folgte ihm sein 65-jähriger Sohn Maha Vajiralongkorn auf den Thron, die prunkvolle

Auch am Lak Muang wird den hier wohnenden Geistern ein Opfertisch bereitgestellt

Krönungszeremonie fand 2019 statt. Er ist umstritten, eine Art royaler Lebemann mit Villa am Starnberger See. Doch Vorsicht: Majestätsbeleidigung ist ein strafbares Delikt in Thailand. Bilder des Königs und seines verstorbenen Vaters sind überall zu sehen. Auch als Besucher sollte man das Königshaus respektieren, im Kino bei der Nationalhymne aufstehen und mit Geldscheinen, die das Königsporträt ziert, sorgsam umgehen.

EPOS IN ZEITLUPE

Schrill-bunte Kreaturen treiben vor deinen Augen ihr Unwesen und stürzen sich Säbel rasselnd ins opulente Schlachtengewimmel. Weit aufgerissene Mäuler! Spitze, gefährlich geschwungene Zähne! Keine Sorge, es sind nur aufwendig dekorierte Masken auf der Bühne beim exotischen Maskentanz Khon. Das Schauspiel geht auf die prägende Sage des asiatischen Kulturraums zurück: das indische Heldenepos Ramayana (in Thailand als Ramakien bekannt). Es erzählt von der Odyssee des Prinzen Rama, der seine entführte Frau Sita aus den Händen des Dämonenfürsten Ravana befreien will. In einer Khon-Aufführung geschieht dies mit filigranen, teils zeitlupenhaften Tanzbewegungen. Jede Geste soll dabei eine bestimmte Emotion vermitteln, sozusagen als Ersatz für die fehlenden Dialoge. Rezitatoren erzählen die Geschichte und ein Orchester liefert den traditionellen musikalischen Rahmen. Sehen kannst du das z. B. im National Theatre oder im Sala Chalermkrung Royal Theatre.

MEDIZINTREND

Arztbesuch im Urlaub? Na klar, in Bangkok ist Medizintourismus eine

Thailands Trendmode zum Abheben: Flynow Bangkok

Boombranche. Und das nicht nur wegen der vielen mehr oder weniger vertrauenswürdigen Schönheitsoperateure. Viele Ärzte wurden in Europa oder den USA ausgebildet, und die Preise für Behandlungen und Operationen sind durchweg günstiger als im Westen. Krankenhäuser von internationalem Standard verarzten Patienten aus aller Welt. Südostasiens größte Privatklinik, das Bumrungrad, behandelt pro Jahr allein über 1 Mio. Patienten. Auch viele Zahnärzte warten auf ausländische Besucher: Eine Zahnreinigung kostet hier ab etwa 30 Euro.

BANGKOKS DESIGN

Ob mädchenhaft verspielt oder schlicht-elegant: Mode aus Bangkok kann sich zwar nur die urbane Mittel- und Oberschicht leisten, aber die Bangkoker sorgten immerhin dafür, dass die einheimischen Modelabels mit urbanem Flair heute nicht mehr wegzudenken sind: z. B. *Greyhound (greyhound.co.th)*, *Kloset (klosetdesign.com)* und *Flynow Bangkok (Facebook: Flynow.Bkk)*. Aber auch junge, weniger bekannte Thai-Designer haben die Chance, ihre neuesten Kreationen an Frau und Mann zu bringen, etwa im Siam Center: in *The Wonder Room (Facebook: thewonderroomstore)* mit schick designtem Look von Kopf bis Fuß für Vintage-Fans und Fashionistas. Junge Designer finden sich auch auf den Straßenmärkten und auf dem Chatuchak Weekend Market. Ein neuer Trend: Führt in einem Lokal eine Treppe nach oben, sofort erklimmen! Denn oft führt sie hinauf in ein Secondhandparadies zum Stöbern.

INSIDER-TIPP
Im 7. Retro-Klamottenhimmel

ZUM SHOPPEN NACH BANGKOK

Die Stadt legt in Sachen Einkaufserlebnis vor. Center um Center wird eröffnet,

eines versucht das andere in Sachen Design und zusätzlichen Attraktionen zu toppen. Der Erfolg bestehender Luxusmalls wie etwa Emporium, Siam Paragon, EM Quartier oder Central Embassy lässt Investoren diverse weitere Pläne an den Start bringen.
Spätestens seit der Einweihung des Icon-Siam-Komplexes 2019, bestehend aus Shoppingstadt und zwei Apartmenttürmen westlich des Chao-Phraya-Flusses, wird deutlich: Bangkok ist auf dem Weg, eines der größten Shoppingparadiese Asiens zu werden. Es mag kitschig wirken, sehenswert ist es doch: Das Thema Thai-Kultur zieht sich als Gestaltungsmotto durch alle Ebenen der riesigen Anlage, vom nachgebauten schwimmenden Markt bis zu typischen Häusern des alten Siam. Im Flusspark zeigen farbige, illuminierte Wasserfontänen ihre Show zur Musik. Mit Bussen und Boot-Shuttles gut angebunden, inszeniert sich das Icon Siam so als neue eigenständige Sehenswürdigkeit. Und das Konzept geht auf.

MACHTKÄMPFE

Die parlamentarische Demokratie in Thailand steht auf wackeligen Beinen, denn die wahre Macht liegt seit jeher beim Militär. Es sieht sich als Hüter des Landes und der Monarchie und putschte schon mehrfach gegen unliebsame Regierungen, zuletzt 2014 gegen die gewählte Regierung von Yingluck Shinawatra. Der Premierministerin geschah damit dasselbe wie ihrem Bruder Thaksin Shinawatra, der 2006 aus dem Amt geputscht worden war und seitdem im Exil lebt. Dem letzten Putsch 2014 waren lange Pro-

KLISCHEE KISTE

MASSAGE-IRRTÜMER

Er behielt seine Kleider an. Sie auch. Es war seine beste Massage in Bangkok. In einem Kloster! Wer bei Thai-Massage immer noch nur an das Eine denkt („body-to-body"), wird sich wundern, wenn der übergroße Pyjama gereicht wird. Die *nuat phaen boran* ist eine immerhin 2500 Jahre alte Tradition. Bei der klassischen (!) Thai-Massage (ca. 9 Euro/300 Baht) werden die wichtigen Meridiane durch Dehnen, Drücken und Strecken stimuliert. Dabei kommen Ellbogen, Knie und selbst die Füße der Masseure zum Einsatz. Die Thais scherzen: „Yoga für Faule". Einige der 51 Grifftechniken sind umstritten, z. B. bei älteren Menschen das minutenlange Abdrücken der Hauptschlagader in der Leiste und der Ruck am Kopf am Ende jeder Thai-Massage – im schlimmsten Fall war dies im wahrsten Sinne der „finale" Griff …

STÄBCHEN-VERWIRRUNG

Thailand-Novizen erkennt man – nein, nicht an der orangefarbenen Robe –, sondern an der Benutzung der Essstäbchen. Da mühst du dich ab, die Reiskörner verlustfrei in den Mund zu befördern, dabei ist es so einfach: Reisgerichte werden mit Löffel und Gabel gegessen. Ausnahme: Nudelsuppe – die isst man hierzulande mit Stäbchen und Löffel.

teste gegen die Regierung vorausgegangen. Demonstranten hatten Straßenzüge und 2008 sogar Flughäfen im ganzen Land blockiert. Das Militär unter General Prayut Chan-o-cha (Ministerpräsident seit 2019, die Wahlergebnisse vom Mai 2023 standen bei Redaktionsschluss noch nicht fest) schritt ein, um eine weitere Zuspitzung der Lage zu verhindern.

Die politischen Lager in Thailand bestehen auf der einen Seite aus den sogenannten „Gelbhemden" mit vielen Anhängern aus Bangkoks Elite und aufstrebender Mittelklasse sowie dem Süden des Landes. Auf der anderen Seite stehen die Anhänger des Shinawatra-Clans, die „Rothemden", die sich vor allem aus der armen Landbevölkerung der nördlichen und nordöstlichen Provinzen rekrutieren. Ein Verteilungskampf, der so lange weitergehen wird, wie die enorm auseinanderklaffende Schere zwischen Arm und Reich nicht geschlossen wird.

VERWIRRUNG À LA THAI

Ist der weiße Fremde, die „Langnase", nun ein *falang* oder ein *farang?* Geht die Reise nach Ko Samui oder nach Koh Samui? Ko(h) bedeutet Insel, aber warum gibt es zwei Schreibweisen? Warum wird Strand *hat, had* oder *haad* geschrieben? Solche Fragen stellen sich Neuankömmlingen immer wieder, aber eine klare Antwort darauf gibt es nicht. Die Thai-Schrift mit ihren anmutigen Schnörkeln und auch ihre Aussprache ist für Fremde ein Buch mit sieben Siegeln. Und es gibt keine verbindliche Regel, wie man sie in lateinische Buchstaben überträgt.

KRABBELVIECHER-MENÜ

Rund 200 Insekten stehen auf dem Speiseplan Thailands, besonders im Norden und Nordosten. Die mehrbeinigen Leckerbissen haben es von den Straßengarküchen in die klimagekühlten Shoppingpaläste Bangkoks und sogar auf die Gourmetteller geschafft. Damit liegen die Thais voll im Trend: Insekten sind reinste Bio-Kost, nachhaltig und (noch) im Überfluss vorhanden. Man schlägt sozusagen zwei Fliegen, nein: Skorpione mit einer Klappe, und gesund sind die eiweißreichen Kriechtierchen allemal – manche wirken sogar als Aphrodisiakum, so sagt man(n). Grashüpfer *(ta ka tan)* oder die fetteren Grillen *(jing reed)* schmecken eigentlich wie Popcorn oder Salzstangen, gewürzt mit Salz, Chili oder Kaffirlimonenblättern. Manch einer schwört auf rote Ameisen

(mod daeng) oder deren Eier und Larven. Anderen läuft das Wasser im Mund zusammen bei Wasserwanzen (*malaeng da na,* oft verwechselt mit Kakerlaken, Hühnchen-Konsistenz), Seidenraupen (*nhon mhai,* ein bisschen erdnussig) und Bambusraupen *(rod duan).* Probieren kannst du die knusprigen Knabbersachen (das Tütchen 50 Cent) auf der Backpacker-Trubelmeile Khao San Road oder den Go-Go-Meilen Patpong und Soi Cowboy – hier gibt's abends natürlich auch die ultimative Mutprobe: leckere *deep fried* Skorpione (ca. 2 Euro). Die Thais schmausen ihr Insektenfood z. B. auf dem etwas abgelegenen und untouristischen *Khlong Toey Markt (tgl. 6–2 Uhr),* frag mal nach: *„malaeng yutinai"* – „wo gibt´s die Insekten"?

INSIDER-TIPP
Authentische Krabbel-Küche

FRAUEN, DIE MAL MÄNNER WAREN …

… (oder es unter ihren Kleidern noch sind), wirst du in Bangkok öfter sehen. Besonders hübsche *katoei* oder *ladyboys* treten in prachtvoll inszenierten Travestieshows auf. Und mancher Nachtschwärmer hat schon die Erfahrung gemacht, dass eine stattliche Oberweite noch keine Garantie für eine hundertprozentige Frau ist (also immer schön auf den Adamsapfel achten …).

Viele der Transvestiten prostituieren sich, viele gehen aber auch ganz normalen Berufen nach, was in Thailand ohne gesellschaftliches Spießrutenlaufen möglich ist. Zwar amüsieren sich die Thais gern über die *ladyboys* oder auch *butterflies* (Schmetterlinge), aber der Spaß ist nicht verletzend gemeint.

Einmal fotografieren und ein paar Skorpione zum Snacken, bitte!

SIGHT SEEING

Bangkok ist riesig. Ein doppeltes Berlin, ein schier endloses Häusermeer, ein Betondschungel. Auf hohen Stelzen schwebt der Skytrain durch die Hochhausschluchten – fast wie in Fritz Langs „Metropolis". Hochstraßen, Autobahnen, Brücken, Skywalks – alles auf mächtigen, futuristischen Betonpfeilern.

Bangkok ist keine Bilderbuch-Schönheit, jedenfalls nicht auf den ersten Blick. Um die idyllischen Ecken (jawohl, die gibt es!) kennenzulernen, verlangt die Stadt strategisches Geschick. Das fängt bei der Auswahl des Hotels und seiner Lage an und hört beim Studium von

Schier überwältigend: die märchenhafte Pracht des Wat Phra Kaeo

Stationsplänen der öffentlichen Verkehrsmittel noch lange nicht auf. Schon allein ein Taxi unterwegs zum Anhalten zu bewegen, ist aus vielerlei Gründen für „Langnasen" eine Herausforderung (viele halten zur Rushhour wegen der Staus partout nicht an), ebenso der beherzte Sprung vom Pier auf die schwankenden Expressboote im Chao Phraya Fluss. Aber wer will schon drei Stunden von der Touristenhochburg an der Sukhumvit Road in die Altstadt Rattanakosin zu Fuß laufen? Keine Panik: Im „Himmelszug" oder mit der stets erfrischend kühlen Metro umgehst du den Stau ganz ohne Atemmaske.

DIE STADTVIERTEL IM ÜBERBLICK

MARCO POLO HIGHLIGHTS

★ **GRAND PALACE UND WAT PHRA KAEO**
Märchenhaft schön: die Palastanlage mit dem Tempel des Smaragdbuddhas ➤ S. 32

★ **NATIONAL MUSEUM**
Hier kannst du in den Schätzen eines uralten Königreichs schwelgen ➤ S. 35

★ **WAT BENJAMABOPHIT**
Strahlend weiß steht er inmitten des Parks: 52 Buddhastatuen umgeben den aus italienischem Marmor erbauten Tempel ➤ S. 56

★ **WAT PHO**
Der riesige Buddha gleitet liegend ins Nirwana ➤ S. 33

★ **KHAO SAN ROAD**
Berühmteste Straße der Stadt und Treffpunkt der Traveller ➤ S. 96, 38

★ **MUSEUM OF SIAM**
Kurzweiliger Einstieg in die lange Geschichte des Landes ➤ S. 34

★ **LUMPHINI PARK**
Mitten in der Metropole durchatmen ➤ S. 44

★ **JIM THOMPSON HOUSE**
Kunstschätze hinter Teakholzwänden ➤ S. 48

★ **THONBURI**
Canal Grande auf Thailändisch ➤ S. 55

★ **WAT ARUN**
Himmelwärts den Tempel der Morgenröte hinauf ➤ S. 55

★ **CHINATOWN**
Ein ganzer Stadtteil als Marktplatz ➤ S. 41

WOHIN ZUERST?

Natürlich zum **Grand Palace** und **Wat Pho** *(🕮 B3–4)*: Einen prachtvolleren Einstieg in die Erkundung der Stadt gibt es nicht. Die nahe Freifläche Sanam Luang *(🕮 B2–3)* ist ein idealer Ausgangspunkt für die weitere Erkundung des historischen Zentrums. Wat Mahathat und National Museum sind nur ein paar Schritte, die Travellermeile Khao San Road ist nur fünf Gehminuten entfernt. Vom Tha-Tien-Pier südlich des Wat Pho gondelt die Fähre zum Wat Arun hinüber, wo auch das Expressboot für Touristen und das öffentliche Expressboot mit oranger Flagge ab dem nördlicheren Tha-Chang-Pier hält. Alle Expressboote fahren nach Chinatown (Tha Ratchawong) weiter zur Taksin Bridge (dort Skytrain-Anschluss). *Busse 503, 508, 511*

Einige Tipps zur besseren Orientierung: Bangkok selbst ist durchzogen von mehrspurigen Verkehrsadern und Hauptstraßen. Die davon abzweigenden Seitenstraßen, die *sois*, sind durchnummeriert und tragen den Namen der Hauptstraße. Beispiel: Sukhumvit Road, Soi 11 ist die 11. Soi, die von der Sukhumvit-Straße abgeht. Größere Sois können außerdem noch einen eigenen Namen tragen.
Wer sich ins öffentliche Busnetz wagt, sollte Münzen und kleine Scheine dabeihaben. Die meisten Taxifahrer können kein Englisch. Lass dir im Hotel das Fahrtziel, v. a. Museen, in Thai aufschreiben und für *tuk-tuks* den ungefähr passenden *farang*-Preis nennen. Ans andere Flussufer nach Thonburi gelangt man am besten und schnellsten mit den Fähren. Und noch was Tolles: Auf den *Skywalks* spaziert man wie auf erhöhten Gehwegen von der Station Siam bis Chit Lom sowie von Central World bis zur Platinum Fashion Mall, ohne einmal runter auf die chronisch verstopfte Straße zu müssen.

RATTANA-KOSIN

Das alte Siam: Hier im Herzen der Altstadt ist es – hinter den Besuchermassen – noch lebendig.
Paläste und Tempel voller Gold, Edelsteine und Marmor. Rätselhafte Wesen aus alten Mythen. Riesengroße Buddhas. Glücksbringende Amulette. Massagen und Meditation. Grazile Folklore-Tänzerinnen. Nur die Massen muss man sich an einigen gut besuchten Orten „wegdenken". Dann erlebst du hier ein Thailand wie aus alten Hollywoodschinken – das alte Siam – auch wenn die Thais selbst (oder besser: ihre oberste Zensurbehörde) das nicht gern hören oder ganz anders sehen. „Der König und ich" mit Yul Brunner als König Mongkut (Musical: 1956, US-Serie: 1972) und auch die fünfte Verfilmung „Anna und der König" (1999) mit Jodie Foster als widerspenstige Lehrerin am Thai-Hofe sind in Thailand sogar verboten wegen irreführender

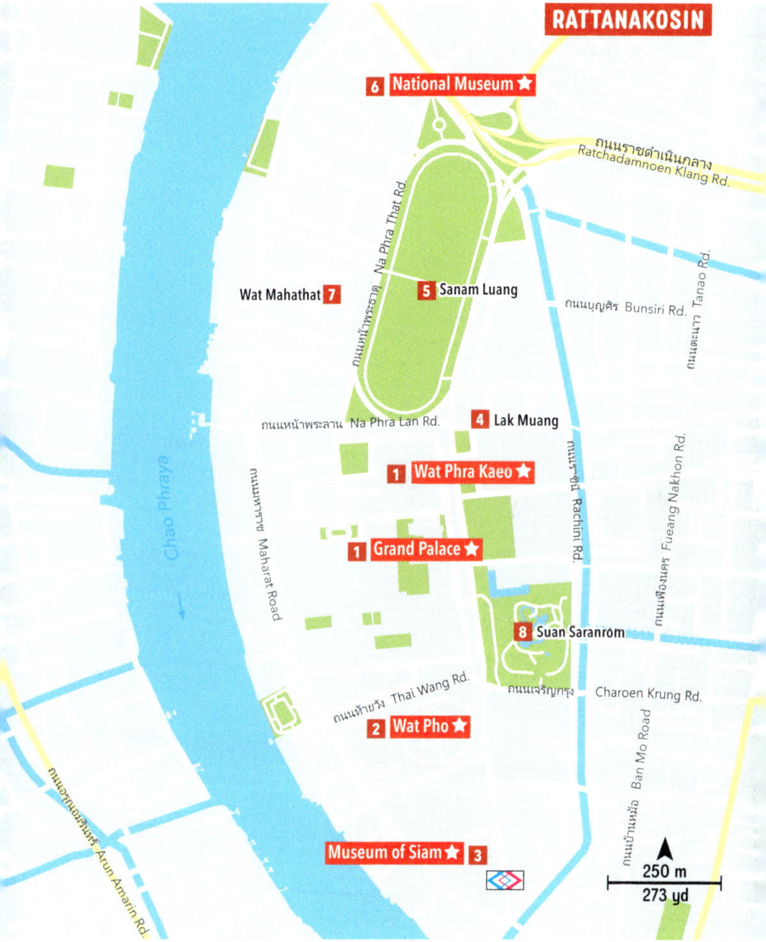

und despektierlicher Darstellungen des hochverehrten Königshauses.

Drehen wir das Rad der Zeit zurück: König Rama I. gründete die Stadt 1782 am östlichen Ufer des Chao Phraya in einer strategisch günstigen Lage. Mit dem Flussbogen als leicht zu verteidigenden Wassergraben im Westen, mit Stadtmauer und einem Kanal im Osten entstand die Halbinsel Rattanakosin. Heute steht sie unter Denkmalschutz, hier faszinieren die bedeutendsten Sehenswürdigkeiten Thailands: der Grand Palace, Wat Pho und das National Museum neben den altehrwürdigen Ministerien. In nicht minder alten, teils schick restaurierten Ladenhäusern mit Lamellenfenstern und Flügeltüren leben Großfamilien, die schon seit Generationen hier ihren Geschäften nachgehen. Neuerdings werden sie immer öfter als kleine Boutiquehotels oder Souvenirshops geführt. *U-Bahn: Sanam Chai Road direkt am Museum of Siam | Aircon-Bus Nr. 508 von der Sukhumvit Road über die Rama I Road bis zum Grand Palace | Saen-Saep-Klongboot: Tha Phanfa Leelard (beim Golden Mount), von dort 15 Min. zu Fuß | Chao-Phraya-Expressboot-Piers: Tha Tien, Tha Chang*

Grand Palace: märchenhaft schöne Palastanlage aus mehr als 100 Gebäuden

1 GRAND PALACE & WAT PHRA KAEO ★

Eine gold glitzernde Zeitreise nach Siam: Hinter 1900 m langen, zinnenbewehrten Mauern verbergen sich der *Königliche Palast* (Grand Palace) und der *Wat Phra Kaeo*, der Königliche Tempel des Smaragdbuddhas. Dass man hier in den Fußstapfen der siamesischen Könige unterwegs ist – mit lauter Gold- und Glitzerpracht auf Schritt und Tritt – hat sich herumgesprochen. Allein ist man also zwischen Edelstein und Marmor längst nicht mehr, zu keiner Tageszeit. Das Ensemble der Bauten von 1782 ist aber auch von einer märchenhaften Schönheit! Farbenprächtige Wandmalereien und Gemälde machen das einstige Leben bei Hofe anschaulich. Die Malereien erzählen aus dem Ramakien, dem thailändischen Epos um den Kampf von Gut und Böse, und stellen Stationen aus dem Leben Buddhas dar. Anmutige Fabelwesen und in allen Regenbogenfarben schillernde Dämonen bewachen in Form überlebensgroßer Statuen die Anlage. Filigrane Türme und goldglänzende *chedi*, spitz zulaufende Rundtürme, streben himmelwärts.

Zentrales Meisterwerk ist der Königliche Tempel mit der am meisten verehrten Buddhastatue des Landes, dem legendenumwobenen Smaragdbuddha. 1434 in Nordthailand entdeckt, war er uspründlich unter einem Gipsmantel verborgen, der nach und nach abbröckelte und den grünlich schimmernden Buddha freigab. In Wirklichkeit ist er zwar aus Jade und nur 66 cm hoch, doch die Thais schwören drauf: Das nationale Heiligtum (Fotografieren verboten!) hat Wunderkräfte.

Die Bauten sind im klassischen Thai-Stil mit viktorianischen Elementen erbaut. Der Palast selbst wird nur noch für offizielle Anlässe benutzt (die Königsfamilie residiert heute im Chit Lada Palace). Der Zutritt zum gesamten Komplex ist nur in ordentlicher Kleidung erlaubt. Für Frauen gilt: lange Hosen oder knielange Kleider oder Röcke und keine ärmellosen Oberteile. Männer dürfen nicht in kurzen Hosen hinein. Hinten offene Sandalen sind verpönt. Schuhe oder Umhänge können gegenüber der Kasse gekauft werden. *Tgl. 8.30–16.30, Einlass bis 15.30 Uhr | Eintritt vor Ort 500 Baht (Online-Tickets nur bis 24 Std. vorher); Ticket auch gültig für die Königliche Münz- und Dekorationensammlung auf dem Palastgelände | einziger öffentlicher Eingang Na Phralan Road | royalgrandpalace.th/en/home | ca. 10–15 Min. zu Fuß von U-Bahn Sanam Chai Road | 1–3 Std. |* *a-b3–4*

2 WAT PHO ★

Ein Kloster der Superlative: In Bangkoks ältestem und größten Kloster warten südlich vom Grand Palace Tausende Buddha-Bildnisse. Nicht nur die Mönche, auch die Masseurinnen und Masseure sind hier Profis. Und wenn du beim großen Liegenden Buddha deinen Obolus in die 108 Spendenschalen klimpern lässt (jeweils ein paar *satang*), kann bei der Weiterreise eigentlich nichts mehr schiefgehen.

Das Kloster des Liegenden Buddhas ist älter als die Stadt selbst. Schon im 16. Jh. gab es diesen Konvent (komplett neu gebaut 1789 bis 1801). Hauptattraktion ist der 46 m lange und 15 m hohe vergoldete Buddha, der gerade ins Nirwana hinübergleitet. Die Perlmuttintarsien in den Fußsohlen zeigen 108 Glückssymbole und buddhistische Tugenden, etwa in der Mitte das Rad der Lehre, das *chakkra,* den Lotos, den Elefanten als Symbol der Nation und das mythologische *kinnari*-Vogelwesen. Berühmt sind auch die vier *chedi* (Türme), die zu den schönsten in ganz Thailand zählen – unter insgesamt 95 Türmen und Türmchen auf dem Gelände – sowie die vielen marmornen Steinreliefs mit Szenen aus dem Ramakien-Epos. An einem großen Steinphallus, der Fruchtbarkeit symbolisiert, bringen Frauen mit unerfülltem Kinderwunsch ihre Opfergaben dar.

So ist das Kloster auch heute noch erlebenswert wegen der traditionellen Thai-Massage, die du hier im klimatisierten *Massage Treatment Center* ausprobieren kannst: Eine Stunde (Fuß-) Massage kostet 420 Baht, am besten lässt du dich gleich morgens oder am späten Nachmittag durchwalken, wenn der Andrang nicht so groß ist *(tgl. 8–18*

INSIDER-TIPP
Traditionelles Kneten

Uhr letzte Anmeldung). Die berühmte, 1955 gegründete *Massageschule des Klosters (Watpo Thai Traditional Massage School | tgl. 8–17 Uhr | Soi Penphat 1, Maharaj Road (in einer Gasse nahe dem Pier, gegenüber der Universitäts-Bibliothek, an der Ecke ist ein 7eleven) | Tel. 0 26 22 35 51 | watpomassage.com)* ist die renommierteste im ganzen Land. Sie befindet sich allerdings ein paar hundert Meter außerhalb des Wat Pho.

Achtung: Zwischen dem Wat Pho und dem Grand Palace treiben sich immer Schlepper herum, die ortsunkundigen Besuchern erzählen, der Tempel oder der Palast sei etwa wegen eines buddhistischen Feiertags geschlossen. Glaub den Märchengeschichten nicht: Diese Gauner wollen dich nur in ein dubioses Geschäft locken, um dich dort abzuzocken. *Tgl. 8.30–18.30 Uhr | Eintritt 200 Baht | 2 Sanam Chai Road, Eingänge nur in Chetuphon und Thai Wang Road | watpho.com | Chao-Phraya-Expressboot Tha Tien; ca. 10 Min. zu Fuß von U-Bahn Sanam Chai Road | 1–2 Std. | b4*

3 MUSEUM OF SIAM ★

Besucher steigen hier garantiert unverstaubt ein in die (hier wortwörtlich!) bewegte Geschichte und Kultur Thailands. Die interaktiv gestaltete Ausstellung führt mit viel Animationen und Spaß von den Anfängen Siams bis in die kulturelle Gegenwart. Und wer sich schon immer mal wie eine echte Königin verkleiden wollten: Hier gibt's das Hochwürden-Selfie. *Di–So 10–18 Uhr | Eintritt 100 Baht, ab 5 Pers. 50 Baht, Eintritt frei für Kinder bis 15 Jahre, nach 16 Uhr und an Feiertagen | Sanam Chai Road | museumsiam.org | U-Bahn Sanam Chai Road | 1 Std. | b5*

4 LAK MUANG

König Rama I. legte hier den Grundstein der Stadt. Der Stein ist in einem Schrein ausgestellt, der wie ein kleiner Tempel aussieht. Besucher bekleben ihn mit Blattgold, legen Blumen nieder, zünden Kerzen und Räucherstäbchen an. Ein schönes Fotomotiv: die klassischen Thai-Tänzerinnen in farbenprächtigen Kostümen. *Ratchadamnoen Nai Road, nahe der Vorderfront des Grand Palace am Sanam Luang | ca. 10–15 Min. zu Fuß von U-Bahn Sanam Chai Road | 10–20 Min. | b3*

Kostbar: Die Fußsohlen des Buddhas im Wat Pho sind mit Perlmuttintarsien verziert

5 SANAM LUANG

Die von flammenrot blühenden Tamarindenbäumen gesäumte Freifläche vor dem Grand Palace ist mehr als eine ovale Wiese. Sie ist der Platz der Könige. Verstorbene Majestäten wurden hier in öffentlichen Zeremonien verbrannt. Aber auch freudige Ereignisse finden auf dem Platz statt, so alljährlich im Mai die königliche Zeremonie des Pflügens, die den Beginn der Reisaussaat markiert. Bauern aus dem ganzen Land reisen dann hierher und stürzen sich auf einige der symbolisch gesäten Reiskörner, um sie später als Glücksbringer in die eigene Saat zu mischen. Von Februar bis Mai, wenn der Wind günstig steht, ist der Himmel über dem Sanam Luang vor allem am späten Nachmittag mit bunten Drachen gesprenkelt. Drachen steigen lassen hat eine lange Tradition in Thailand. Es finden sogar organisierte Wettkämpfe mit internationaler Beteiligung statt. Und wenn gerade nichts los ist, setz dich einfach auf eine Bank und lass die Augen wandern vom Großen Palast bis zum Wat Mahathat. Oder lass dir von einem der Wahrsager aus der Hand lesen. *Ratchadamnoen Nai Road | ca. 15 Min. zu Fuß von U-Bahn Sanam Chai Road |* *b2–3*

6 NATIONAL MUSEUM ★

Auch hier ist Staunen angesagt: In einem über 200 Jahre alten Palast präsentiert das Nationalmuseum die größten Schätze aus Thailands Kunstgeschichte. Hier siehst du jahrtausendealte Tongefäße, prunkvolle Thron-

Uralte Kunst: Wandmalereien in der Buddhaisawan-Kapelle des National Museum

sessel früherer Könige, goldverzierte königliche Leichenwagen und Schwerter, mit denen die Soldaten Siams einst gegen die Burmesen kämpfte. Ob Edelholzmöbel mit verschwenderischen Perlmuttintarsien, erlesener Schmuck oder wertvolles Porzellan – Thailands ganzer kultureller Reichtum!

Nicht verpassen: Im *Wat Buddhaisawan* gleich neben dem Museumseingang von 1795 empfängt eine der meistverehrten und ältesten Buddhastatuen Thailands die Besucher: der oft kopierte und legendäre Phra Buddha Singh, der Legende nach 2000 Jahre alt. Die Führungen im Museum werden übrigens von freiwilligen Helfern durchgeführt. Sie nennen sich *National Museum Volunteers (mynmv.com)* und führen nicht nur kompetent durch das Museum, man kann sie sogar für Stadtspaziergänge buchen. *Mi–So 9–16 Uhr, Führungen auf Deutsch jeweils Mi 9.30 Uhr | Führung im Eintritt von 200 Baht enthalten | Na Phra That Road, am Sanam Luang | finearts.go.th/main | ca. 20 Min. zu Fuß von U-Bahn Sanam Chai Road | 1–2 Std. | b2*

INSIDER-TIPP
Bangkok von innen erleben

7 WAT MAHATHAT

Lust auf eine kleine Reise ins Ich? Wenn die Knie im Schneidersitz schmerzen und die Gedanken wie Pingpongbälle durch den Kopf jagen, dann nennt man das als Laie: Meditation. Wie so was richtig geht (irgendwann auch ohne Schmerzen und Pingpongbälle), erklären die Mönche im Wat Mahathat. Im königlichen Kloster ist die buddhistische *Mahachulalongkorn University* untergebracht, in deren *International Buddhist*

Meditation Centre, Sektion 5 (tgl. 7–10, 13–16 und 18–20 Uhr | Tel. für Ausländer: 02 226 0011 und 02 236 8878 | buddhistravel.com) auch Ausländer Meditationskurse belegen können. In der Phra Chan Road gibt es einen großen Markt und in den umliegenden Straßen Mahathat und Na Phra That zahllose Geschäfte, die traditionelle Arzneien, Massageöle und Massageutensilien neben Antiquitäten, Amuletten und Buddhafiguren verkaufen. *Tgl. 9–17 Uhr | Eintritt frei | bei der Thammasat University | ca. 15 Min. zu Fuß von U-Bahn Sanam Chai Road | a–b3*

8 SUAN SARANROM

Früher wandelten hier Majestäten, denn der heutige Park war ein königlicher Garten und gehörte zum *Saranrom Palace*. Der Park steht allen offen, der Palast bleibt Touristen aber verschlossen: Er beherbergt das Außenministerium. Obwohl nahe am Grand Palace, wird diese kleine Oase nur von wenigen Touristen für eine Pause genutzt. *Tgl. 5–21 Uhr | Eintritt frei | Sanam Chai Road | ca. 5 Min. zu Fuß von U-Bahn Sanam Chai Road | b4*

BANGLAMPHOO

Banglamphoo ist die Travellerhochburg Südostasiens: Nirgendwo sonst in Bangkok gibt es so viele Billigpensionen und Billig-Pad-Thai-Stände auf engstem Raum.

Die wuselige Backpackergasse aus den 1980ern, die Khao San Road, ist mittlerweile sogar selbst eine Attraktion mit eigenem Nachtmarkt. Wieder zur Besinnung kommen kann man in den vielen Tempeln und Kunstgalerien in diesem Viertel. *U-Bahn: Hua Lampong; ca. 20 Min. zu Fuß von U-Bahn Sanam Chai Road | Saen-Saep-Klongboot: Tha Phanfa Leelard (beim Golden Mount, von dort 10 Min. zu Fuß) | Chao-Phraya-Expressboote: Tha Phra Athit*

9 RATTANAKOSIN EXHIBITION HALL

Zum Einstieg der Königliche Palast aus der Vogelperspektive: In diesem modernen, interaktiven Museum ist das detailgetreue Modell nur eines von sehr vielen Exponaten, die Geschichte, Kunst und Kultur von Bangkoks ältestem Stadtviertel präsentieren. Leicht kitschige Multimediashows werfen einen Blick zurück in die Geschichte. Bei der Führung kannst du voll in die Thai-Kultur und/oder in die Geschichte des Königshauses eintauchen, von Krönungsfeiern bis Alltagsleben auf dem Land (alles auf Englisch). Und von der Aussichtsplattform im 4. Stock ist die Altstadt sogar live zu sehen, der Golden Mount und der eiserne Tempel Wat Ratchanatdaram (Loha Prasat) erscheinen zum Greifen nah. *Di–So 10–17 Uhr | Eintritt 100 Baht, obligatorische Führungen alle 20 Min. bis 15 Uhr | 100 Ratchadamnoen Klang Road | nitasrattanakosin.com | Saen-Saep-Klongboot Tha Phanfa Leelard, von dort 5 Min. zu Fuß | 2–4 Std. | d3*

INSIDER-TIPP
Royale Zeitreise

10 DEMOCRACY MONUMENT

In einem unblutigen Staatsstreich wurde 1932 die absolute Monarchie in Thailand abgeschafft und durch eine konstitutionelle ersetzt. Den demokratischen Neubeginn symbolisiert dieses vom Verkehr umtoste Denkmal. Optisch ist es zwar keine Attraktion, aber für die Thais hat es große Bedeutung. Immer wenn es seit der Einführung der Demokratie zu Putschversuchen der Militärs kam, versammelten sich besonders hier die demokratischen Kräfte. Und bei den Unruhen im Mai 1992 bezahlten viele Demonstranten ihr Eintreten für die Demokratie unter dem Democracy Monument sogar mit dem Leben. *Ratchadamnoen Klang Road | c–d3*

Eine 400 m lange Traumstraße für Backpacker: die Khao San Road

11 WAT BOWONNIWET

Das Kloster ist eine grüne Oase mit Teichen voller Fische und Schildkröten. Wandmalereien zeigen unerwartete Motive – von Pferderennen über Gebäude im europäischen Stil bis zum operierenden Arzt. Für die Thais hat der Ort besondere Bedeutung, weil hier drei der letzten vier Könige einige Zeit als Mönche verbrachten, bevor sie den Thron bestiegen. Auch ein Teil der Asche von König Bhumibol wird hier aufbewahrt (außerdem im Grand Palace und auf dem königlichen Friedhof im Wat Ratchabophit). *Tgl. 8–17 Uhr | Eintritt frei | Phra Sumen Road | ca. 10 Min. zu Fuß vom Chao-Phraya-Expressboot Tha Phra Athit oder vom Saen-Saep-Klongboot Tha Phanfa Leelard | 30 Min. | c2*

INSIDER-TIPP
In buddhistisch-königlichen Fußstapfen

12 KHAO SAN ROAD ★

Was für die Hippies die Chicken Street in Kabul oder die Freak Street in Kathmandu waren, das ist für heutige Backpacker die Khao San Road: eine Straße mit absolutem Kultstatus. Ein einziger Rummelplatz.

Während man in den späten 1970er-Jahren die ersten schlichten Gästehäuser noch an einer Hand abzählen konnte, gibt es heute eine dreistellige Anzahl an Herbergen im Viertel. Und viele von ihnen haben sich inzwischen zu kleinen Hotels mit komfortablen Zimmern und Pool gemausert. Aber je schicker die 400 m lange Straße wird, desto mehr machen die Traveller mit ganz schmaler Börse einen Bogen um sie und wohnen vermehrt in der Sam-

sen-Gegend nördlich des Klong Banglamphoo. Inzwischen ist es auf der einst schrägen Meile sehr touristisch und durchkommerzialisiert, seit 2018 auch mehr zeitlich geordnet und reglementiert, und dadurch vor allem tagsüber etwas ruhiger. Straßenhändler und Ladenbesitzer verhökern alles, was blutjunge Traveller auf ihrer ersten großen Reise so brauchen: günstige T-Shirts, trendy Fisherman's Pants, Flipflops in allen Farben, Souvenirs, Rucksäcke und Silberschmuck, Raubdrucke und Raubkopien der neuesten Hits.

Die Khao San ist abends eine Fußgängerzone *(16–24 Uhr)*, laut, schrill und schräg. Fressgasse und Basar, Open-

Ehrfurchtgebietend: Buddha im Wat Indrawihan

Air-Party und Panoptikum. Thais und immer mehr andere asiatische Touristen kommen auch gern hierher – um ausgeflippte *farang*, die weißhäutigen Ausländer, zu sehen, wie sie Skorpion am Spieß probieren. Der letzte Schrei: Lachgas inhalieren. Wer also (jugendlichen) Langnasen beim inszenierten Lachen und Partymachen, beim „Instagrammen" zusehen oder dabei mitmischen will, der ist hier richtig. Etwas ruhiger bummelt, sitzt und speist man in der parallelen *Soi Rambuttri,* wo sich ein Stand neben dem anderen drängt und Cocktails aus dem ausrangierten Kleinlaster gereicht werden. Noch ein paar Schritte nördlich liegt der *Banglamphoo Market.* Je mehr du dich vom Epizentrum des Billigreisens entfernst, desto thailändischer wird es wieder, bis du fast alle paar Meter in einem der vielen Tempelklöster dieses Viertels wieder Luft holen und dich besinnen kannst. Nur einen Steinwurf entfernt locken in der Phra Athit Road am Fluss kleine Stöberläden und freundliche Bars vermehrt Thai-Studenten an, die mit Livemusik und günstigen Drinks unterhalten werden. *Ca. 10 Min. zu Fuß vom Chao-Phraya-Expressboot Tha Phra Athit* | *c2*

13 THE NATIONAL GALLERY

Welches Land kann sich schon damit rühmen, von einem Monarchen regiert worden zu sein, der zugleich ein begnadeter Künstler war? Schau dir die expressionistischen Gemälde des 2016 verstorbenen Königs Bhumibol in diesem hübschen Gebäude im Kolonialstil an, außerdem einige weitere Gemälde und Skulpturen einheimischer Künstler. *Mi–So 9–16 Uhr | Eintritt 200 Baht | 4 Chao Fa Road | nördlich vom Nationalmuseum | Facebook: TheNationalGalleryBangkok | ca. 10 Min. zu Fuß vom Chao-Phraya-Expressboot Tha Phra Athit* | *30 Min.* | *b2*

14 PHRA SUMEN FORT

Im kleinen, angenehm ruhigen Park rund um den historischen Bau kannst du eine Verschnaufpause einlegen. Das achteckige Fort (1783) am Fluss erinnert an die Zeit, als die neu gegründete Hauptstadt noch gegen Angriffe der Burmesen geschützt werden musste. König Rama I. ließ dafür 14 Befestigungsanlagen entlang der Stadtmauer errichten. Einen Katzensprung entfernt kannst du dich verkleiden und voll in die Thai-Kultur eintauchen: in der *Duriyapraneet Foundation* lernen Thais und ihre Kids traditionelle Tänze und alte Instrumente. *Fort: tgl. 8–23 Uhr | Phra Athit Road | Foundation/Tanz- und Musikkurse: Sa/So vorm. | ca. 1000 Baht | 83 Lumphu Road, Soi Samsen 1 (c1) | nahe Wat Sangwet | Tel. 08 15 58 43 97 | chayantee2500@gmail.com | Chao-Phraya-Expressboot Tha Phra Athit | b1*

INSIDER-TIPP
Langnasen sind willkommen

15 WAT INDRAWIHAN

Hier herrscht die Andacht und Stille, die man von einem Gotteshaus erwartet und die in den bekannteren „Touristentempeln" kaum noch zu spüren ist. Nur wenige Touristen besuchen dieses Tempelkloster im Norden von Banglamphoo. Gläubige legen hier Lotosblüten zu Füßen eines 32 m hohen Buddhas nieder. Im Kopf der Statue soll sich eine Reliquie des Erleuchteten befinden. *8.30–17 Uhr | Eintritt frei | Wisut Kasat Road | ca. 15 Min. zu Fuß vom Chao-Phraya-Expressboot Tha Wisut Kasat | 30 Min. | d1*

CHINATOWN & PAHURAT

In ★ Chinatown ist Business fast rund um die Uhr angesagt. Ob Berge aus Orangen, Stoffe am laufenden Meter, bunter Schnickschnack, Schrauben oder ganze Waschmaschinen, ob Schwalbennester, obskure Kräuter oder Tigerpenisse (unterm Ladentisch) – hier gibt's fast alles.

Und manches, was glänzt, ist oft auch tatsächlich Gold. Aber nicht alles, was riecht, duftet auch nach Jasmin. Die Yaowarat Road in Chinatown ist das Zentrum für den Handel mit Schmuck aus fast reinem Gold. Jedes Wohnhaus, ob modern oder alt und verwittert, ist auch ein Laden, Warenlager oder Restaurant im Erdgeschoss. Lass dich treiben, am besten mit einem deutsch-thailändisch-chinesischen Insider wie Michael Biedassek von den Bangkok Vanguards *(bangkokvanguards.com)*. *Pahurat* ist Chinatown auf Indisch – in Little India leben Hindus und Sikhs, die vor allem mit Stoffen handeln. Natürlich gibt es hier auch alles andere, was zu Indiens Way of Life gehört, wie scharfe Gewürze und Currys, Frauen in Saris und mit *tika*-Stirnpunkt, süßliche Parfüms und die neuesten Bollywood-Filme. *U-Bahn Wat Mangkon | Chao-Phraya-Expressboot: Tha Ratchawongse, Tha Memorial Bridge*

16 WAT CHAKRAWAT

Das einzige Kloster in Thailand und vermutlich sogar weltweit, in dem

Krokodile leben. Drei der ziemlich wohlgenährten Reptilien dösen in einem Becken vor sich hin. Thais kommen hierher, um vor einem Schatten Buddhas in einer Grotte zu beten. *Tgl. 8–17 Uhr | Eintritt frei | Chakrawat Road | U-Bahn Sam Yot und ca. 10 Min. zu Fuß | 20 Min. | d5*

17 SAMPENG LANE

Diese schmale Gasse *(auf Thai: Soi Wanit)* in Chinatown ist nichts für Menschen mit Platzangst. Zu jeder Tages- und Nachtzeit werden hier Produkte ausgeliefert, ob zu Fuß mit Lastkarren oder knatterndem Zweirad, es wird hemmungslos gefeilscht und geshoppt. Einige der dicht gedrängten Geschäfte sehen noch so aus wie vor 100 Jahren, etwa Apotheken mit exotischen chinesischen Heilmitteln inklusive aller möglichen würzig-erdigen Geruchsnoten. Du erlebst ein kleines Stück China wie es leibt und lebt: bunt und kitschig, fremdartig und laut. Viele neue Läden haben sich auf günstige Plastikwaren und bunten Krimskrams spezialisiert. Das rotgoldene Dekor, rote Lampions, Girlanden und Spruchbanner sind die chinesisch-traditionelle Art, Hochzeiten zu feiern. Die Sampeng Lane ist für einen Bummel allemal faszinierend. Auf dem Nachtmarkt kann man verdammt lecker Meeresfrüchte essen – wenn du „in aller Ruhe" gucken willst, komm spätnachmittags her, abends ist kaum ein Vorankommen. *U-Bahn Wat Mangkon | 2–3 Std. | d5*

INSIDER-TIPP
Einfach mal durch-schnuppern

18 WAT TRAIMIT

Manch einer mag jetzt denken: Schon wieder ein goldener Buddha, den schenk' ich mir. Dann verpasst er das wertvollste (sprich: teuerste) religiöse Objekt der Welt! Dieses sonst eher unscheinbare Kloster hütet einen etwa 700 Jahre alten, 3 m hohen und 5,5 t schweren Buddha – aus purem Gold. Die meisten Buddhafiguren tragen nur eine Goldschicht oder sind mit Blattgold bedeckt. Das Schmuckstück war lange unter einem Gipsmantel verborgen. Erst 1955 bekam der Gips einen Riss, als die Statue beim Umzugs zu Boden fiel, und der Buddha strahlt seither wieder golden im ersten Stock.

Im Erdgeschoss findet sich noch ein Highlight: Im *Chinatown Heritage Centre* ist die spannende Geschichte des Viertels mit lebensgroßen Figuren, etwa Rikscha-Kulis, nostalgischen Schwarz-weiss-Fotos und weiteren Exponaten nacherlebbar. Im Nachbau einer chinesischen Dschunke spürst du am eigenen Leib die stürmische Überfahrt von China nach Siam – inklusive Blitz, Donnergrollen und Regensturm. Es sind nur Video- und Audio-Effekte, aber toll gemacht (es wird nass ...)! Auch die Marktszenen lassen den damaligen Alltag lebendig werden. Am wenigsten los ist am Nachmittag, wenn die vielen chinesischen Busgruppen in Heeresstärke schon weg sind. *Besichtigung des Buddhas tgl. 8–17 Uhr, Museum Mo geschl. | Eintritt zum Buddha 40 Baht, ins Museum 100 Baht | Traimit Road | U-Bahn Hua Lamphong, von dort ca. 5 Min. zu Fuß | 1Std. | E5*

INSIDER-TIPP
Gänsehaut garantiert

19 SO HENG TAI MANSION

Die So Heng Tai Mansion ist ein 230 Jahre altes chinesisches Anwesen mitsamt 2004 erbautem Pool, viel Teakholz und antiken Perlmuttsesseln. Das kulturelle Erbe soll erhalten bleiben und so kommt Khun Poosak, Tauchlehrer von Beruf, auf die schrägsten Ideen zur Finanzierung (s)eines historischen Juwels: Wie wäre es mit einem Tauchkurs mitten in Bangkok oder mit einer Teezeremonie im Gewand eines chinesischen Kaisers? *Di–So 9–18 Uhr | Eintritt 50 Baht oder Getränkekauf, Tanzkurs und Teezeremonie je 450 Baht | 282 Duangtawan, Soi Wanit 2 | sohengtai.com | U-Bahn Hua Lamphong | ca. 30–60 Min. | E6*

INSIDER-TIPP
Abtauchen in Bangkok

20 TALAT NOI

Am frühen Abend kannst du dem vergnügten Strom aus jungen Thais und

Asiaten folgen: nach Talat Noi. Der neue, hippe Ausgehspot südöstlich von Chinatown lädt mit Wandmalereien, Pop-up-Galerien und Coffeeshops in den versteckten Gassen zum Café-Hopping. *U-Bahn Hua Lamphong* | *E6*

SILOM & LUMPHINI PARK

Die Silom Road mit ihren vielen Banken und Bürotürmen, Geschäften und Hotels ist eine der verkehrsreichsten Straßen der Stadt. Zur Mittagszeit stürmen Banker und Büroangestellte die Garküchen der mobilen Köche.

In einigen Seitengassen findet aber auch hier noch der traditionelle Alltag in verwitterten Ladenhäusern statt, vereinzelt sogar noch mit alten Stadtvillen in grünen Gärten. Touristenmagnet Nr. 1 ist die Seitenstraße Patpong mit ihren verruchten Bars und dem touristischen Nachtmarkt. Gleich östlich der Silom Road bieten im *Lumphini Park* weite Grünflächen unter schattigen Bäumen viel Platz zum Durchschnaufen. *U-Bahn Lumphini, Silom* | *Skytrain: Sala Daeng, Chong Nonsi*

21 LUMPHINI PARK ★

Der größte und bekannteste Park der Stadt wird gern als Bangkoks grüne Lunge bezeichnet. Während draußen der Verkehr tost, schwimmen Tretboote auf einem künstlichen See. Liebespaare halten Händchen, Familien picknicken, lassen Drachen steigen und schon bei Sonnenaufgang stimmen sich Frühaufsteher mit Aerobic, Joggen, Tai-Chi und Yoga auf den Tag ein. In einem Open-Air-Fitnesscenter stemmen Muskelmänner Gewichte, in einem Pavillon üben Paare Tanzschritte. Und nicht erschrecken, wenn du beim Spaziergang durch den Park bis zu 2 m lange, züngelnde „Drachen" siehst: Es sind harmlose Bindenwarane, die in den Seen nach Fischen schnappen oder am Ufer nach Essensresten suchen. Ein musikalisches Highlight sind die kostenlosen Sonntagnachmittagskonzerte des *Bangkok Symphony Orchestra (bangkoksymphony.org)* von Dezember bis Februar ab 17.30 Uhr. *Tgl. 5–19 Uhr* | *Eingänge: Rama IV Road, Ratchadamri Road, Sarasin Road, Witthayu Road* | *U-Bahn Silom, Lumphini* | *2–3 Std.* | *J-K6-7*

22 SNAKE FARM

Prädikat: auch für Tierfreunde und Tierschützer geeignet! Im Gegensatz zu den privaten Schlangen-Shows in Thonburi mit „Tanz"- und „Kampf"-Elementen ist diese staatliche Schlangenfarm eine durchweg sinnvolle Einrichtung mit interessanten Hintergrundinformationen im kleinen Museum. Auch die Kids sind meist ganz gebannt von der aufregenden Reise in die Welt dieser Kriechtiere.

Immerhin 80 Schlangenarten gibt es in Thailand, 56 davon haben einen tödlichen Biss! Auf der Snake Farm vom Queen Saovabha Memorial Institute kann man hinter Glas mit dabei

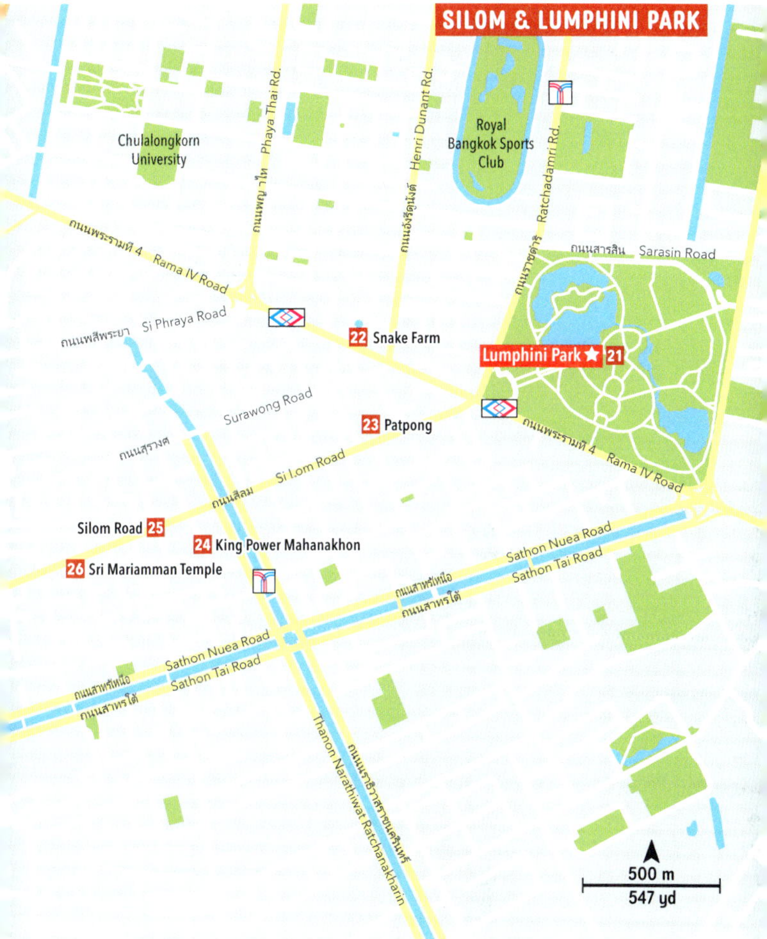

sein, wenn die Mitarbeiter solche Giftschlangen, u.a. Königskobras, „melken" *(Mo–Fr 11 Uhr)*. Die 1923 gegründete Schlangenfarm, die zweitälteste der Welt, ist auch Forschungsinstitut und Labor. Hier werden Antiseren hergestellt, um das Leben von Schlangenbissopfern zu retten. Und bei der *Schlangen-Show (Mo–Fr 14, Sa/So 11 Uhr)* kann man sich mit den Reptilien auch fotografieren lassen. *Eintritt 200 , Kinder 50 Baht | Rama IV Road | saovabha.org | U-Bahn Sam Yan und Silom | 2–3 Std. | H6*

23 PATPONG

„Come to Pussy Pingpong-Show!" – so berühmt-berüchtigt wie die Hamburger Reeperbahn, und schlimmer: Patpong ist das Vergnügungs- und Rotlichtviertel von Bangkok. Draußen auf dem Night Market tummeln sich Ladyboys, aufdringliche Schlepper und Taschendiebe, drinnen eine Etage die Treppe hoch hinter verschlossenen Türen und Türstehern: auch nur Halbwelt. Patpong besteht aus zwei parallelen Nebenstraßen voller Restaurants, Go-go-Bars und Ständen mit Souvenirs und gefälschten Markenwaren. Als *Patpong Night Bazaar* (s. S. 89) sind diese Stände zu einer eigenständigen Touristenattraktion avanciert – mittlerweile gibt es hier sogar ein Patpong Museum *(patpongmuseum.com)*. Auf die pausenlosen Angebote der zwielichtigen Gestalten, die Touristen zu den „Shows" in die oberen Stockwerke locken wollen, kann jeder eingehen, der gerade 6000 Baht (180 Euro) locker hat. Ohne diese Summe, aber auch ohne Geschrei und Aggressionen kommt hier keiner wieder raus – egal was vorher „versprochen" wurde. *Tgl. 18 bis ca. 1 Uhr | zwischen Silom und Surawong Road | Skytrain Sala Daeng | H7*

Zeigt Mut zur Lücke: King Power Mahanakhon

24 KING POWER MAHANAKHON

Das Gebäude zieht mit seiner extravaganten Architektur alle Blicke auf sich. Fast wirkt es, als ob einzelne Pixel aus dem verglasten Wolkenkratzer herausgebrochen wären. Spektakulär: Ein gläserner Aufzug bringt dich zum *Mahanakhon King Power Skywalk*, wo du auf einer Art gläsernem Tablett stehst. Aber auch die Indoor-Blicke von den darunterliegenden Stockwerken des Besucherzentrums aus sind den Besuch wert. Neben dem luxuriösen und trendig-poppigen Hotel The Standard beherbergt der Tower einige der edelsten Restaurants der Stadt. *Tgl. 10–0 Uhr | Eintritt 850, Kinder u. Senioren 250 Baht (Plattform „innen" im 74. Stockwerk), 1050 Baht (für alle drei Decks im 74., 75. und 78. Stock) | direkt an der Skytrain-Station Chong Nonsi | kingpowermahanakhon.co.th | G7*

25 SILOM ROAD

Sie wird auch Bangkoks Wall Street genannt. Die Börse liegt zwar woanders, aber viele Banken und Finanzunternehmen haben sich hier angesiedelt. Für Touristen ist die Straße eine der beliebtesten Shoppingmeilen. Mittags ist sie voller Büroarbeiter, die in den vielen Garküchen und Restaurants essen. Und am Abend zeigen Händler ihre Auslagen auf den Gehsteigen, vor allem im oberen Teil der Silom Road bei der Skytrain-Station Sala Daeng. Ihren Namen hat die Straße von den Windmühlen *(silom)*, die früher hier standen und Kanalwasser auf die umliegenden Felder schöpften. Eine Skulptur erinnert an diese Zeit. *F–J7–8*

26 SRI MARIAMMAN TEMPLE

Das ganze Pantheon der bunten indischen Götterwelt ziert diesen Hindutempel. Unter den Thais ist er unter dem inoffiziellen Namen *Wat Khaek* bekannt. Mit *khaek* bezeichnen Thais vor allem Menschen vom Subkontinent: Inder, Pakistaner, Bangladesher. Doch auch die Thais selbst beten hier für Liebe und Fruchtbarkeit. *Mo–Do 6–20, Fr 6–21, Sa/So 6–20.30 Uhr | Eintritt frei | Silom Road/Pan Road | G7*

PRATUNAM/ SIAM SQUARE/ SUKHUMVIT

Gigantische Einkaufszentren, ein riesiges Marktlabyrinth und Heerscharen von Straßenhändlern warten auf Kundschaft. Zumindest auf den ersten Blick scheint hier alles auf Kommerz ausgerichtet zu sein.

Besonders rund um die zentrale Skytrain-Station Siam ballt sich Bangkoks glitzernde Shoppingwelt, eine Mall reiht sich an die nächste, allen voran das gigantische *Siam Paragon*. Auf der anderen Seite der Straße zieht es die modebewusste Hauptstadtjugend in das Gassengewirr des *Siam Square* mit Hunderten von kleinen Shops. Auch weiter hoch über die Ploenchit Road zur *Sukhumvit Road* droht Kaufrausch. Und das auch auf den Gehsteigen – die untere Sukhumvit Road ist gepflastert mit Verkaufsständen. Hierher kommen jede Menge Touristen, denn nirgendwo sonst in Bangkok stehen so viele Hotels auf engstem Raum beieinander.

Das Marktviertel *Pratunam* bietet ein anderes Bild. Auch hier gibt es ein Labyrinth von Shops und Ständen, vor allem für Thais und internationale Großhändler, die auf der Suche nach preiswerten Kleidungsstücken sind. *U-Bahn: Sukhumvit | Skytrain: Phaya Thai, National Stadium, Siam, Chit Lom, Ploen Chit, Nana, Asok | Saen-Saep-Klongboot: Tha Ban Krua Nua, Tha Hua Chang (Siam Square), Tha Pratunam, Tha Witthayu, Tha Nana Nuea*

27 BAIYOKE SKY HOTEL

304 m ragt dieser Hotelgigant in den Himmel. Für Besucher gibt es eine verglaste Aussichtsplattform *(observation deck)* auf der 77. Etage. Im 84. Stock dreht sich eine Freiluft-Aussichtsplattform um 360 Grad. An klaren Tagen kannst du weit über das Häuser- und Straßenlabyrinth der Metropole hinaus bis zum Golf von Thailand schauen. *Tgl. 10–22 Uhr | Eintritt*

400 Baht inkl. eines Drinks in der Rooftopbar im 83. Stock | 222 Ratchaphrarop Road, ca. 400 m nördlich des Pratunam-Markts | baiyokehotel.com | Skytrain Phaya Thai, dann noch ca. 800 m | ⏲ 1 Std. | ▯ J3

28 SUAN PAKKAD PALACE

Fünf klassische Thaihäuser in einem tropischen Garten bilden das Herzstück des Palastes, in dem einst Prinzessin Chumphon lebte. Ihre Leidenschaft war das Sammeln von hochwertiger Kunst und seltenen Antiquitäten. Hier kannst du Elfenbeinschnitzereien, Schmuck, Porzellan, Möbel und vieles mehr bestaunen. Die im vorderen Neubau untergebrachte Sammlung von gut erhaltenen, fast 6000 Jahre alten Ban-Chiang-Keramiken ist die größte weltweit. Eines der Gebäude ist selbst ein atemberaubendes Kunstwerk: der Lackpavillon aus der Ayutthaya-Periode, dessen Innenwände reich mit Szenen aus dem Ramakien und Buddhas Leben verziert sind (hier Fotografierverbot!). *Tgl. 9–16 Uhr | Eintritt 100 Baht | Sri Ayutthaya Road, nordwestlich vom Baiyoke Sky Hotel | suanpakkad.com | Skytrain Phaya Thai | ▯ J3*

29 JIM THOMPSON HOUSE ★

Der 1906 geborene Amerikaner Jim Thompson reanimierte fast im Alleingang nach dem Zweiten Weltkrieg die thailändische Seidenherstellung. Das machte ihn schon zu Lebzeiten zu einer Legende im Königreich. Er war aber auch geheimnisumwittert, da ihm Verbindungen zum amerikanischen Geheimdienst CIA nachgesagt wurden. Thompson verschwand 1967 spurlos in den Dschungelbergen Malaysias. Wer heute in die 1959 fertiggestellte Residenz des Seidenkönigs kommt, könnte meinen, der Amerikaner habe sie gerade erst verlassen. Das „Haus" besteht aus sechs verschiedenen Teakholzbauten in traditioneller Thai-Architektur mit hohen Dächern und spitzen Giebeln. Bei einer (obligatorischen) geführten Tour

wirst du staunen, denn jedes einzelne Gebäude ist eine Schatzkammer: Thompson war ein passionierter Sammler von asiatischen Kunstgegenständen und Antiquitäten. Skulpturen, Porzellan, Gemälde und vieles mehr trug er zusammen. Zu den Preziosen seiner Sammlung gehören Buddhastatuen aus dem 7. Jh. ebenso wie französische Landkarten von Siam aus dem 17. Jh. *Tgl. 10–18 Uhr | Eintritt 200 Baht | Rama I Road, Soi Kasemsan 2 | jimthompsonhouse.com | Saen-Saep-Klongboot Tha Jim Thompson | 1 Std. | G4*

30 BANGKOK ART AND CULTURE CENTRE

Ob Malerei, Bildhauerei oder Musik, ob Film, Fotografie oder Theater: Dieses Kunstzentrum versteht sich als *meeting place,* das alle Bereiche von moderner Kunst und Design zusammenbringt. Die Avantgarde der thailändischen Kunstszene ist im BACC mit ihren Werken und Perfomances vertreten. Zum kulturellen Dialog gehört aber auch die Präsentation von Exponaten ausländischer Künstler, und natürlich, wie sollte es anders sein in Thailand: der Königfamilie. Gelegentlich stößt der Besucher aber auch auf durchaus Kritisches, etwa eine 3-D-Audio-Aktion gegen sexuelle Belästigung von Frauen im ÖPNV. Auf einer Fläche von 3000 m² werden in zumeist kostenlosen Ausstellungen die verschiedensten Kunstsparten gleichzeitig gezeigt. Einzelveranstaltungen bieten Künstlern eine Bühne für ihre Aufführungen. Thailands moderne Kunstszene zeigt sich in diesem Haus, das in seiner modernen, schnörkellosen Architektur auch selbst ein Kunstwerk ist. *Di–So 10–20 Uhr | Eintritt frei (Einzelveranstaltungen kosten extra) | 939 Rama I Road | en.bacc.or.th | direkter Zugang von der Skytrain-Station National Stadium | ⏲ 1 Std. | 🕮 H4*

31 MADAME TUSSAUDS ☂

Die weltweit zehnte Filiale des legendären Wachsfigurenkabinetts steht in einem der schicksten Shoppingcenter von Bangkok. Wer's nicht zum Original nach London schafft und sich schon immer mal an der Seite von Prominenten und Persönlichkeiten wie Brad Pitt, Madonna oder Beyoncé, dem Dalai Lama, Queen Elizabeth II. oder Barack Obama fotografieren lassen wollte, sollte die Gelegenheit dazu nutzen. Mehr als 90 Berühmtheiten und Kunstfiguren stellen sich dir hier lebensecht zur Schau. *Tgl. 10–20 Uhr | Eintritt 1980 Baht, bei Buchung über Website bis zu 35 Prozent Rabatt und div. Kombitickets | Siam Discovery Center, 6. Stock | 989 Rama I Road | madametussauds.com/bangkok | Skytrain Siam | ⏲ 1 Std. | 🕮 H4*

32 ERAWAN SHRINE

Dieser Schrein ist dem Hindugott Brahma geweiht. Eigentlich ist er ein überdimensionales Geisterhaus. Als in den 1950er-Jahren das Erawan Hotel (heute Grand Hyatt Erawan) gebaut wurde, kam es immer wieder zu tödlichen Unfällen, und ein Schiff, das kostbaren Marmor für den Bau des Hotels geladen hatte, versank im Ozean. Um die Geister des Grundstücks zu besänftigen, wurde der Schrein gebaut. Von da an kam kein Arbeiter mehr zu Tode, und der Schrein wurde im ganzen Land berühmt. Barmädchen wie Banker erflehen heutzutage hier göttlichen Beistand, gegen einen Obolus führen junge Frauen in Prunkgewändern rituelle Tänze auf. Die Brahma-Statue, die du hier siehst, ist eine Kopie. Das Original aus Gips mit Goldauflage wurde 2006 von einem Geisteskranken zertrümmert – was ihn das Leben kostete. Passanten erschlugen ihn wenige Meter vom Schrein entfernt. *Ratchadamri Road/Ploenchit Road | Skytrain Chit Lom | 🕮 J4*

33 SUKHUMVIT ROAD

Die Straße scheint überhaupt kein Ende zu nehmen. Und tatsächlich hört sie auch erst nach 488 km auf, streng genommen: an der kambodschanischen Grenze. Ihren Namen behält sie

Kamthieng House: zu Besuch im dörflichen Thailand vor 150 Jahren

die ganze Strecke lang. Für Bangkoks Touristen ist vor allem der Bereich zwischen den Seitenstraßen Soi 1 und Soi 24 interessant. Hotels, Restaurants, Shoppingzentren, Wechselstuben sowie Läden drängen sich aneinander. Darüber hinaus bieten alle paar Meter Schneider ihre Dienste an. Auch viele Bier- und Go-go-Bars warten besonders rund um die Skytrain-Station Nana auf Kundschaft. Auf den Gehsteigen machen sich ab dem späten Nachmittag Garküchen und fliegende Händler breit. *Skytrain Ploenchit, Nana, Asok (usw.), U-Bahn Sukhumvit | L-M5-6*

34 KAMTHIENG HOUSE

In diesen mehr als 160 Jahre alten, von Hochhäusern umrahmten Teakhäusern aus Nordthailand hat die *Siam Society* ihren Sitz. Eine nette, auch für Kinder spannende Ausstellung ermöglicht anhand von Gebrauchsgegenständen, Videos von Ritualen und Tänzen sowie Beschreibungen des traditionellen Geisterglaubens einen guten Einblick in den Alltag im dörflichen Nordthailand zum Ende des 19. Jhs. *Di–Sa 9–16.30 Uhr | Eintritt frei | 131 Sukhumvit Road, Soi Asoke 21 | thesiamsociety.org | short.travel/ban5 | M5*

35 BENJAKITTI PARK

Diese gepflegte Grünlandschaft am See ist so etwas wie das vor Touristen bestgehütete Geheimnis der Stadt. Obwohl der Park nahe der belebten Sukhumvit Road und sogar an einer U-Bahn-Station liegt, ist er eine Oase der Ruhe. Hier stehen weder Souvenir- noch Imbissstände, Besucher können in Tretbooten oder Kanus auf dem See herumgondeln, Fahrräder ausleihen und auf einem Radweg um den See herumfahren oder auf einem angelegten Pfad joggen gehen.

Der See ist gesäumt von leuchtenden Bougainvilleasträuchern. Und erst am Abend: Als wären Abertausend bunte Sterne ins Wasser gefallen, so glitzern und funkeln die Lichter der Skyline Bangkoks auf dem See. Da staunen auch die Kids, wenn außerdem die mit farbigem Licht angestrahlten Wasserfontänen im Takt der Musik tanzen (*dancing fountain*: 6, 12 19 Uhr). *Tgl. 5–20 Uhr | Eintritt frei | Ratchadapisek Road | U-Bahn Queen Sirikit Convention Center; ca. 15 Min. zu Fuß von Skytrain Asok | M6–7*

PHRA NAKHON/ RUND UM DIE CITY HALL

Zwischen Khao San Road und Chinatown liegt dieses Viertel mit drei wundervollen Tempeln.

Sogar auf einen „goldenen Berg" treffen Besucher, wenn sie sich abseits der Shoppingmeilen wie Silom Road, Siam, Sukhumvit Road oder das Travellerzentrum um die Khao San Road bewegen.

36 WAT RATCHABOPHIT

Dank recht weniger Besucher verstellen keine Souvenirverkäufer den Blick auf den 43 m hohen *chedi* – und Wände, die mit bemalten Kacheln und goldenen Reliefs verziert sind. Exquisit sind auch die Tempeltüren mit Perlmutteinlegearbeiten. Unterhalb des zentralen Buddhas liegt das Grab von König Prajadhipok (Rama VII.). Auf dem Tempelareal findest du zudem den königlichen Friedhof mit Grabmälern von Königinnen, Prinzen und Prinzessinnen, auch einen Teil der Asche des verstorbenen Königs Bhumibol. Besonders interessant sind die gotischen Kirchen nachempfundenen Bauten. *Tgl. 5–18 Uhr | Eintritt frei | Atsadang Road/Ratchabopit Road, im Zentrum des historischen Stadtkerns | U-Bahn Sam Yot | 30 Min. | c4*

37 WAT SUTHAT

Der zentral in der Altstadt gelegene Tempel ist berühmt wegen seiner exquisiten, mit großem Aufwand restaurierten Wandmalereien; sie erzählen die Geschichten von 28 *Pacekka*-Buddhas (Buddhajüngern). Bemerkenswert sind zudem die mit fantastischen Schnitzereien aus dem Ramakien verzierten Tempeltore und die Ordinationshalle – sie gilt als die schönste in ganz Thailand. König Rama I. legte den Grundstein für dieses Kloster, das für Buddhisten zu den bedeutendsten des Landes zählt. Hier befindet sich eine bronzene Buddhastatue (14. Jh.) aus Sukhothai, der Hauptstadt des ersten Thai-Königreichs. Vor dem Tempel steht die Riesenschaukel *Sao Ching Cha,* die früher der Schauplatz von lebensgefährlichen Schaukelwettkämpfen war. Rings um das Wat Suthat gibt es viele Geschäfte, die religiöse Devotionalien verkaufen. *Tgl. 9–21 Uhr | Eintritt 20 Baht | Bamrung Muang Road | U-Bahn Sam Yot | 1–2 Std. | c4*

38 WAT RATCHANATDARAM

INSIDER-TIPP
Ein echter Tempel-Hingucker

Dieses buddhistische Gotteshaus ist von seiner Bauweise her einzigartig oder genauer: Er ist weltweit einer von nur drei erhaltenen Tempelbauten in diesem Stil, das Vorbild stand einst in Sri Lanka. Der Tempel ist 36 m hoch und gebaut wie eine dreistufige Pyramide. Ringsum wird sie von 37 schlanken, spiralförmigen Türmchen gekrönt, die die 37 Weisheiten Buddhas symbolisieren. Die Türmchen sind aus Eisen, weswegen die Thais den Tempel *Loha Prasat* getauft haben: eiserner Palast. Auf dem Klostergelände gibt es täglich einen Markt, auf dem Amulette und Buddhafiguren gehandelt werden. *Tgl. 9–17 Uhr | Eintritt frei | Mahachai Road, beim Golden Mount | Saen-Saep-Klongboot Tha Phanfa Leelard | 1 Std. | d3*

39 GOLDEN MOUNT & WAT SAKET
Weitblick garantiert: Der *Phukao Thong* (Goldener Berg) ist ein 79 m hoher, künstlicher Hügel beim traditionsreichen Wat Saket. Der vergoldete Turm *(chedi)* beherbergt eine hochverehrte Reliquie Buddhas. 318 Stufen führen durch einen künstlichen Märchenwald mit Wasserfällen und Statuen der thailändischen Mythologie hinauf – dann liegt dir Bangkok zu Füßen. Von der luftigen Plattform auf dem *chedi* lässt man den Blick über die Altstadt bis hinüber zu den Wolkenkratzern des modernen Bangkok schweifen. Wahrscheinlich der preisgünstigste Aussichtspunkt der Stadt. Das Kloster am Fuß des Berges ist eines der ältesten Bangkoks und war bereits vor der Stadtgründung 1782 von Bedeutung. *Tgl. 7.30–19 Uhr | Eintritt 50 Baht | Boripat Road | Saen-Saep-Klongboot Tha Phanfa Leerland | 1 Std. | d3*

Berg für Buddha: auf dem Golden Mount wird eine Reliquie aufbewahrt

AUSSERDEM SEHENSWERT

Außerhalb der touristischen Viertel wartet viel Erstaunliches.
Verlass die touristischen Pfade – denn erst abseits der Besuchermassen, die oft nur einen Katzensprung entfernt strömen, wird deutlich, dass Bangkok tatsächlich eine Stadt mit vielen Gesichtern ist. Und in weiten Gebieten keineswegs überlaufen.

40 FLOATING MARKETS KHLONG LAD MAYOM & TALING CHAN
Nicht ganz so weit entfernt liegen die „Schwimmenden Märkte" Khlong Lad Mayom und der größere Taling Chan. Allerdings: Es gibt keine schwimmenden Märkte im eigentlichen Sinn mehr! Die heutigen Wochenend-Vergnügungs-Märkte sind vorwiegend Ausflugsziele für Thais und Touristen mit vielen Essständen, Souvenirshops und Markthallen sowie Livekonzerten und Karaoke – und auch einigen wenigen Bootsfrauen, die die Besucher vom Kanal aus mit „Boots-Nudelsuppen" *(Kuai Tiew Rua)*, Frittiertem oder Bananen versorgen. *Sa, So 8–17 Uhr | Bang Ramat Road und Taling Chan Road | Facebook: taladnamkhlonglad-*

mayom | Bezirk Taling Chan auf der Thonburi-Seite | Skytrain Bang Wa und weiter mit Bus 146 oder Taxi | 0

41 THONBURI ★

Thonburi am Westufer des Chao Phraya war schon eine kleine Stadt, als Bangkok noch ein Hüttendorf namens Ban Makok war. Für die einstige Hauptstadt Ayutthaya diente Thonburi als Zollhafen. Nach der Zerstörung Ayutthayas durch die Burmesen im Jahr 1767 wurde die Hauptstadt hierher verlegt. Doch schon 15 Jahre später gründete Rama I. auf der anderen Flussseite die Hauptstadt neu.

Bei einer Bootstour gewinnt man noch heute einen Eindruck davon, warum frühe Reisende Bangkok als „Venedig des Ostens" bezeichnet haben: ein Spinnennetz von Wasserwegen, die den Stadtteil in ein Mosaik von Inseln teilen. Organisierte Touren gibt es in jedem Reisebüro zu buchen. Aber die großen Tour- oder Linienboote *(8–16 Uhr | Endstation Bang Yai)* fahren nicht in die kleinen Kanäle, wo Thonburi noch erstaunlich ländlich wirkt und schindelgedeckte Holzhäuser auf Pfählen im Wasser stehen.

Besser also, du charterst selbst ein Motorboot samt Steuermann oder buchst deutlich stressfreier bei einem Veranstalter. An vielen Piers kannst du ein Boot mieten, etwa an den Anlegestellen bei der Skytrain-Station *Saphan Taksin (Tha Sathon /Central)*, beim *Grand Palace (Tha Chang)* und dem Pier beim *Wat Arun* und meist preiswerter bei den Schwimmenden Märkten *Khlong Lad Mayom* und *Taling Chan* (s. links). Die hohe Kunst: die Schlepper zu umgehen, die Touristen gegen eine saftige Provision an die Bootsführer vermitteln und jede Menge Tricks versuchen. Der Preis für eine einstündige Tour für zwei Personen beträgt rund 60 Euro/2000 Baht pro Boot (!). Abhängig ist das von Saison, Verhandlungsgeschick, Laune des Kapitäns/Schleppers etc. Wer länger herumkurven will, bucht trotzdem nur für eine Stunde und handelt dann den weiteren Preis unterwegs direkt mit dem Bootsführer aus – das erspart die Provision. Eine private siebenstündige Thonburi-Tagestour in kleinen Booten mit maximal fünf Passagieren und deutschsprachigem Führer bietet *Green Mango Tours (green-mango.net)* für 4400 Baht p. Pers. (2 Teilnehmer). *Zu erreichen ist Thonburi mit den ständig kreuzenden und hin und her pendelnden Flussfähren und dem Skytrain (Stationen Wongwian Yai usw. bis Endstation Bang Wa) |* A-B5-8

INSIDER-TIPP
Handeln und immer schön locker bleiben

42 WAT ARUN ★

Das Wahrzeichen der Hauptstadt! Der „Tempel der Morgenröte" am Chao Phraya auf der Thonburi-Seite begeistert mit seinem 67 m hohen *prang*, einem reich mit altem chinesischen Porzellan und buntem Glas verzierten Turm. Auch wenn die oberste Aussichtsplattform gesperrt ist, hat man immer noch einen prächtigen Blick auf Bangkok. Wie ein filigraner Scherenschnitt zeichnet sich der *prang* vor der untergehenden Sonne ab, nachts wird er spektakulär erleuchtet und am frühen Morgen reflektieren die Porzellanfliesen die ersten Sonnenstrahlen. Wat Arun wird auch bei organisierten Klongtouren angesteuert. Man kann den Turm nicht mehr ganz besteigen und sollte die Kleiderordnung beachten, d. h. nur mit bedeckten Schultern und Knien, geschlossenen Schuhen. *Tgl. 8.30–17.30 Uhr | Eintritt 100 Baht | 34 Arun Amarin Road | U-Bahn Itsaraphap oder Chao-Phraya-Fähre ab Tha Tien (nahe Wat Pho, tgl. 6–22 Uhr, ca. 5 Baht) und Chao-Phraya-Expressboot (orangefarbene Flagge) | watarun.net | ⏲ 30 Min. | 🕮 a5*

43 BAAN KUDICHIN

Einen völlig untypischen Eindruck von Thonburi bekommst du in dem alten Portugiesenviertel etwas südlich vom Wat Arun. Bei der *Kirche Santa Cruz (Messe tgl. 19 Uhr)* liegt der Eingang zum Baan Kudichin, ein Gassengeflecht mit alten, hübsch dekorierten Holzhäusern in allen Bonbonfarben, inklusive Jesusfiguren und Kreuzen an den Türen sowie einem liebevoll gestalteten *Heimatmuseum*. Auf zwei Etagen wird sehr anschaulich mit vielen Alltagsgegenständen und Modellen (sogar von portugiesischen Speisen) von der Ankunft der Portugiesen 1511 bis zu den heutigen Nachfahren erzählt – mit denen kannst du übrigens im Café ins Gespräch kommen. *Di–So 10–18 Uhr | Eintritt frei (gerne Spende) | baankudichinmuseum.com | ⏲ ca. 1 Std. | 🕮 b6*

44 ROYAL BARGES MUSEUM

Das Königliche Barkenmuseum ist ein Pflichtstopp auf organisierten Klongtouren in Thonburi. Den Besuchern werden die vier schönsten der insgesamt 51 Barken präsentiert. Sie sind kunstvoll mit Fabelwesen dekoriert und werden noch heute bei königlichen Zeremonien auf dem Chao Phraya gerudert. Flaggschiff der Flotte ist die 46 m lange *Suphannahong*-Barke (Goldener Schwan). Auch die *Ananta Nagaraj* ist mit ihrer siebenköpfigen Schlange sehenswert. *Tgl. 9–17 Uhr | Eintritt 100 Baht | an der Einmündung des Klong Bangkok Noi in den Chao Phraya | Chao-Phraya-Expressboot Tha Phra Chan | ⏲ 30 Min | 🕮 A2*

45 WAT BENJAMABOPHIT ★

Aus italienischem Carrara-Marmor ist dieses Juwel von einem Tempel 1899 erbaut worden. Er erhebt sich strahlend weiß in einem Park, bewacht von zwei Marmorlöwen und umgeben von 52 Buddhastatuen, die aus allen Winkeln des Landes zusammengetragen wurden. Die Asche von König Chulalongkorn (Rama V.) liegt im Innenraum unter dem großen goldenen Buddha im Sukhothai-Stil begraben. Die mit roten Ziegeln gedeckten Dächer des Tempels sind stufenförmig nach oben gestaffelt und tragen vergoldete Spitzen an ihren Giebeln. In einem Kanal, über den drei anmutig geschwungene Brückchen führen, schwimmen Schildkröten und Fische, die von gläubigen Buddhisten als Opfergaben freigelassen wurden. *Tgl. 8–17 Uhr | Eintritt 50 Baht | 69 Nakhon Pathom Road (nahe Sri Ayutthaya Road) | Facebook: watbencham | Skytrain Victory Monument, dann 15–20 Min. mit dem Taxi , oder Saen-Saep-*

Buddhistische Novizen genießen den grandiosen Blick vom Tempel Wat Arun

Klongboot oder Phadung-Krung-Kasem-Klongboot, Haltestelle: Ratchadamnoen Nok | *1 Std.* | *E1*

46 DREAM WORLD

Die thailändische Variante von Disneyland: Themenpark und Phantasialand, Traumgarten und Spielplatz. *Mo–Fr 10–17 Uhr, Sa/So 10–18 Uhr | Eintritt Erw./Kinder je ca. 500–1000 Baht, Kleinkinder (bis 90 cm) frei, einzelne Attraktionen kosten extra | Fahrdienst zu jedem Hotel in Bangkok | 62 Nakhon Nayok Road | Provinz Pathum Thani, ca. 10 Automin. nördl. des Don Mueang Airport | dreamworld.co.th und auf Facebook| 0*

47 ANCIENT CITY

Wer nicht genügend Zeit mitbringt, das ganze Land zu bereisen, kann im größten Freiluftmuseum Thailands auf Sightseeingtour gehen. Sogar die Umrisse des 1,5 km^2 großen Parks wurden nach Thailands tatsächlichem Grenzverlauf gezogen. 116 bedeutende Attraktionen sind in der Ancient City (auf Thai: *Muang Boran,* auch als Ancient Siam bekannt) zu sehen: Die schönsten Paläste, Tempel, Monumente und Ruinen wurden mit viel Liebe zum Detail nachgebaut. Und wo kein Wasser ist, wird im Miniatur-Thailand einfach welches geschaffen: Für einen schwimmenden Markt wurde eigens ein Kanal ausgehoben. Organisierte Touren gibt es in jedem Hotel oder Reisebüro. Der Park liegt am km 33 der Sukhumvit Road südöstlich von Bangkok in der Provinz Samut Prakan. *Tgl. 9–18 Uhr | Eintritt 700 Baht, Kinder 350 Baht (Trambahnticket oder Golfbuggy 400 Baht extra) | muangboranmuseum.com/en | Skytrain (Green Line) bis Kheha, Exit 3, dann weiter mit Minibus 36 o. Taxi | 0*

ESSEN & TRINKEN

Kulinarische Versuchungen warten in Bangkok auf Schritt und Tritt, denn Thais essen für ihr Leben gern. An jeder Ecke köchelt und brutzelt es, rund um die Uhr. Die fahrbaren Garküchen gehören zum Stadtbild wie die Verkehrsstaus, allerdings riechen ihre „Abgase" deutlich besser: atemraubende Pfeffer-, Curry- und Chili-Wolken, immer verführerisch und mundwässernd.

Auf fauchenden Gaskochern, über Holzkohlefeuern und in Woks braten und dämpfen die Köche in ihren mobilen Garküchen im

Thai-lecker: Frühlingsrollen und Garnelen

Handumdrehen leckere Gerichte – von der Suppe über Reis bis zu Meeresfrüchten. Schwelgen kannst du in schweiß- und tränentreibenden Gaumenfreuden, ob das nun Thai-Currys sind oder gaumenschonender Bratreis und Nudelsuppen für zwischendurch. Fest steht: Die thailändische Küche sucht ihresgleichen auf der Welt, so scharf, exotisch und gesund wie sie ist!

WO BANGKOK ISST

MARCO POLO HIGHLIGHTS

★ APSARA BY BANYAN TREE
Auf dem Fluss speisen wie ein König – bei einer Dinnerflussfahrt
➤ S. 66

★ LEBUA – THE DOME
Kulinarische Glanzpunkte auf dem Dach des Hotel Lebua in 220 m Höhe
➤ S. 68

★ THIP SAMAI
Die besten *pad thai* der Stadt
➤ S. 75

★ NAHM
Exzellente traditionelle Thaiküche von einer ausgezeichneten Küchenchefin
➤ S. 69

★ **RANG MAHAL**
Indische Küche auf – im wahrsten Sinn – höchstem Niveau
➤ S. 69

★ **CENTRAL FOOD LOFT**
Wo du den Köchen bei der Arbeit zuschauen kannst
➤ S. 73

HIMMLISCH GUT & HÖLLISCH SCHARF

Keine Sorge: Wo viele Ausländer speisen, gehen die Köche mit Chili meist sparsam um. Vorsichtshalber spricht man bei der Bestellung die Zauberworte *mai peht* (nicht scharf). „Löschen" geht übrigens am besten mit einer Extraportion Reis – bloß nicht mit Wasser! Du bestimmst den Schärfegrad: Auf den Restauranttischen stehen Gefäße mit getrockneten, zermahlenen Chilis, mit Zucker (den streuen Einheimische gern in ihre Nudelsuppe), mit frischen Chilis (in süßsaurer Essigbrühe) und mit einer hellbraunen Flüssigkeit, *nam pla*. Sie wird beim Fermentieren von Fischen gewonnen, dient als Salzersatz und wandelt sich mit gehackten Chilis zu *prik nam pla,* einem wahren Feuerwasser.

INSIDER-TIPP
Bei Schärfe auf Nummer sicher gehen!

REIS MUSS SEIN

Die thailändische Küche ist eine der gesündesten der Welt: fettarm und vitaminreich, viele frische Zutaten wie die Kräuter und Gewürze. Bei den kurzen Garzeiten bleibt das Gemüse schön knackig und voller Vitamine und Nährstoffe. Reis ist unverzichtbar. Das Wort „essen" wird wörtlich mit *kin kao* übersetzt – Reis zu sich nehmen. Den besonderen Pfiff geben eine Vielzahl von Gewürzen: frischer Koriander, Zitronengras, Ingwer, Basilikum, Tamarinde – und natürlich Knoblauch und Chili. Fleisch, Fisch und Meeresfrüchte gehören immer auf den Tisch, am liebsten Huhn. Serviert werden die Gerichte in mundgerechten Stücken. Man isst wie die Thais mit dem Löffel, die Gabel dient dazu, den Bissen auf den Löffel zu schieben. Nur bei Nudelgerichten (auch Suppen) kommen die Stäbchen zum Einsatz. Üblicherweise besteht ein Thai-Menü aus verschiedenen Speisen, die mit einem großen Topf Reis auf den Tisch kommen. Davon nimmt man sich eine große Portion, von den einzelnen Gerichten hingegen immer nur Häppchen.

DER MIX MACHT'S

Die thailändische Küche ist stark durch China beeinflusst. Die frühen Einwanderer aus dem Reich der Mitte brachten z. B. die Nudeln mit. Typisch ist ein Frühstück, das in seinem Namen noch die Herkunft verrät: *khanom chin,* kalte Reisnudeln mit einer extrem scharfen Currysauce sowie frischen Kräutern und eingelegtem Gemüse. Danach bist du bestimmt wach. Aus dem benachbarten Malaysia stammen leicht süßliche Currygerichte wie *gaeng massaman,* aus Laos der Papayasalat *som tam,* den man allerdings kaum in Restaurants, sondern auf Märkten und in den Straßenküchen finden. Selbst die geliebten Chilis sind ein Import – portugiesische Seefahrer brachten die Feuerschoten einst aus Brasilien mit. Die Spitzengastronomie der Hauptstadt ist auch heute höchst experimentierfreudig. Hier ist Fusion angesagt:In vielen Toprestaurants verbinden ausländische Köche die thailändischen Rezepte auf raffinierte Art und Weise mit den Genüssen anderer Länder. Sehr beliebt

Fahrbare Garküche: leckere Snacks beim Bummel über den Markt

ist die Kombination mit der mediterranen Küche, die mit ihrer Leichtigkeit und der Vorliebe für Meeresfrüchte bestens zur thailändischen passt.

SAFTLÄDEN

An jeder Ecke gibt es Softdrinks, Eistees und -kaffees sowie frische Obstsäfte in allen Geschmacksrichtungen. Die beste Auswahl an Obst- und Gemüsesäften findest du in Skytrain-Stationen, z. B. Siam, Saphan Taksin und Phrom Pong. Beim Gerstensaft besonders beliebt sind Chang, Lao und Singha. Etwas teurer sind die ebenfalls im Land unter Lizenz gebrauten Marken Tiger und Heineken. Laut Gesetz darf in Geschäften von 11 bis 14 Uhr und von 17 Uhr bis 24 Uhr Alkohol verkauft werden. Supermärkte und Ladenketten, wie die rund um die Uhr geöffneten 7-Eleven, halten sich eisern daran. Tante-Emma-Läden nehmen es mit der Regelung nicht immer so genau. Thailands beliebteste Spirituose ist der Sang Som, ein aus Zuckerrohr destillierter Rum, der fälschlicherweise als „Whiskey" bezeichnet wird. Die Einheimischen trinken ihn gern auf Eis mit Sodawasser und einem Spritzer Limonensaft. In hauptsächlich von Touristen besuchten Bars wird er meist mit Cola gemischt.

TROPISCHE VITAMINBOMBEN

Für viele Thais ist die Durian die Königin der Früchte, auch wenn sie auf Deutsch als „Stinkfrucht" bezeichnet wird. Sie ist die teuerste aller Früchte und sieht mit ihrer stacheligen Schale aus wie ein mittelalterlicher Morgenstern (nicht zu verwechseln mit der Jackfrucht, *khanun*, oder Brotfrucht, *saki!*), auch ihr Geruch in überreifem Zustand ist buchstäblich umwerfend. Der Geschmack des cremig weichen

In Thailand genießt auch das Auge Exotisches

Fruchtfleischs liegt irgendwo zwischen Vanille und Käse. Die fruchtigen Alternativen sind zahllos, manchmal überraschend aber immer lecker und erfrischend. Fast jedermanns Geschmack sind Mango *(mamuang)* und auch die Mangostan *(mangkut)*, hinter deren weinroter Schale sich saftiges, weißes Fruchtfleisch verbirgt, süßlich und säuerlich zugleich. Probier dich einfach mal durch: von den haarigen Rambutan *(ngo)*, edlen Litschis *(lin chi)* über die roten Javaäpfel *(dschompu)* bis hin zur fotogenen pinkfarbenden Drachenfrucht *(kaeo mangkon, pitahaya)*.

GUT ZU WISSEN

So wie die Früchte müssen auch kulinarische Highlights nicht teuer sein. Bereits in der mittleren Preisklasse gibt es viele exzellente Restaurants und selbst manche Garküche kann geschmacklich mit den Top-Locations mithalten. Alle besseren Restaurants erheben 10 Prozent Bedienungszuschlag *(service charge)* und 7 Prozent Mehrwertsteuer (VAT, *value added tax*). Für das Dinner in beliebten Restaurants empfiehlt es sich zu reservieren. Lesenswerte Restaurantkritiken gibt es unter *bk.asia-city.com/restaurants*. Die meisten Restaurants in Bangkok haben durchgehend von ca. 11 bis 22 Uhr geöffnet, viele Toprestaurants bieten allerdings nur Lunch (ca. 11.30–14 Uhr) und Dinner (ca. 18–22 Uhr) an.

CAFÉS & BISTROS

1 BANGKOK BAKING COMPANY

INSIDER-TIPP Süßes zum Reinlegen

Im BBCO verführt eine große Auswahl an Croissants, Baguettes, Kuchen und Salaten. Probier mal Pina Colada – als Torte! – oder den famosen Klebreis mit Mango und Kokossauce. Klimatisiert oder unter freiem Himmel. *Tgl. 6–22 Uhr* |

Unsere Empfehlung heute

Zwischendurch

PAD THAI
gebratener Reis mit Ei, Gemüse, Krabben *(gung)*, Schweinefleisch *(mu)* oder Huhn *(gai)*

KUI TIAO
Nudelsuppe, meist mit Schweinefleisch oder Huhn, besonders lecker mit Ente *(pet)*. Thailands beliebteste Zwischenmahlzeit

SOM TAM
Grüner Papaya-Salat, mit Tomaten, getrockneten Krabben, Krebsen und viel Chili. Rohkost und Klebreis gibt´s auch dazu

Vorspeisen

TOD MAN
kleine frittierte Küchlein, etwa aus Fisch *(tod man pla)*, mit Erdnuss-Gurken-Dip

GUNG HOM PA
Garnelen im knusprigen Teigmantel mit süßsaurer Essig-Chili-Sauce oder Sauce tartar

PLAMUK TOD KRATIEM PRIK THAI
gebratene Tintenfischstückchen – mit viel Knoblauch und noch mehr Pfeffer

Hauptgerichte

TOM YAM GUNG
säuerliche Garnelensuppe mit Zitronengras, Koriander, Tamarinde und viel Chili

TOM KHA GAI
höllisch scharfe Suppe mit Hühnchenfleisch in Kokosmilch und mit Chilischoten!

GAENG KIAU WAN GAI
grünes Curry mit Hühnchenfleisch und Auberginen, scharf und leicht süßlich *(wan)*

GAENG MASSAMAN
rotes, leicht süßlich-scharfes Curry mit Rindfleischstückchen, Kardamom, Erdnüssen und Süßkartoffeln

PLA PIAU WAN
Fisch süßsauer – die Sauce kommt mit Gemüse und Ananasstückchen daher

Desserts

KHAO NIAU MAMUANG
Klebreis mit frischer Mango in süßer Kokosmilch

KLUAI BUAT CHI
Bananen in Kokosmilch, süßlich und etwas salzig

4 Sukhumvit Road, im Bistro des Hotels JW Marriott | short.travel/ban11 | Skytrain Nana, Ploen Chit | Sukhumvit Road | 🕮 L5

2 LANDMARK CAFÉ

Leckere Törtchen, Pralinen und kleine Gerichte genießt man hier unter freiem Himmel vor dem Landmark Hotel. *Tgl. 7–21 Uhr | 138 Sukhumvit Road | landmarkbangkok.com/de/bakery-cafe | Skytrain Nana | Sukhumvit Road | 🕮 L5*

3 SAFFRON CAFÉ

Seit Jahr und Tag bekommst du im kleinen Geschäftshaus eine große Auswahl an leckeren Kuchen nach westlichem Geschmack aufgetischt. Auch der Kaffee ist hier gut. *Tgl. 11–21 Uhr | 86 Phra Athit Road | Facebook: welove saffron | Chao-Phraya-Expressboot Tha Phra Athit | Banglamphoo | 🕮 b2*

DINNER-KREUZFAHRTEN

Dinner-Kreuzfahrten auf dem Chao Phraya kannst du in jedem Reisebüro buchen. Es gibt eine ganze Reihe von Veranstaltern, wie z. B. *Thai River Cruises (thairivercruise.com)* und *Chaophraya Cruises (chaophrayacruise.com)*. Mehrere Spitzenhotels in Bangkok schippern mit hauseigenen Schiffen den Fluss rauf und runter. Billiger und kürzer als Dinnertouren sind *Sunset Cruises* (nur Drinks) zum Sonnenuntergang – für Romantiker.

4 APSARA BY BANYAN TREE ★

Die Teakholzbarke ist ein schwimmendes Gourmetrestaurant. An Deck wird die delikate königliche Thai-Küche serviert, zubereitet von Köchen des Luxushotels Banyan Tree, das auch Eigner des romantischen Dinnerkreuzers ist. *Abfahrt tgl. 20 Uhr | Pier River City | Set-Menü 2300 Baht | Tel. 02 679 12 00 | banyantree.com | Silom | 🕮 E7*

5 HORIZON

Moderner Flusskreuzer mit klimatisiertem und offenem Deck. Opulentes Büfett mit thailändischen und internationalen Leckerbissen. Eigner ist das Hotel Shangri-La. Das spricht für Topqualität. *Abfahrt tgl. 19.30 Uhr | Hotelpier Tha Shangri-La | Büfett 2300 Baht | Tel. 02 236 77 77 | shangri-la.com/bangkok | Skytrain Saphan Taksin | Silom | 🕮 E8*

GARKÜCHEN

Die Trottoirköchinnen und -köche sind praktisch überall zu finden. Die einen haben stationäre Miniküchen an einem festen Standplatz (und auch viele Stammkunden), die anderen schieben ihren rollenden Herd immer dahin, wo sich gerade viele Menschen treffen. An einigen Straßen in der Stadt sind die Garküchen besonders zahlreich vertreten, vor allem nach Sonnenuntergang. Nach Restriktionen und „Aufräum"-Aktionen durch die Militärregierung öffnen viele erst gegen 16 bzw. 18–24 Uhr, aber man muss eigentlich überall nur eine Seitenstraße weitergehen und wird immer satt.

Banglamphoo: Die Garküchen in der vergleichsweise ruhigen *Soi Rambuttri (🕮 B–C2)* liegen nur einen Steinwurf von der laut dröhnenden „Ballermann"-Straße Khao San Road entfernt und servieren auf den Geschmack und Geldbeutel von Rucksackreisenden zugeschnittene Gerichte, frische Obstsäfte , kaltes Bier und Cocktails.

Chinatown: Vor allem Fans von Nudelgerichten, Meeresfrüchten und chinesischen Spezialitäten wie Toast mit süßer Chilisauce haben hier die Qual der Wahl. An der ⚑ *Yaowarat Road (📖 D–E5)* und in ihren Seitenstraßen dampft es besonders abends aus tausend Töpfen. Geköchelt und gegrillt wird hier verführerisch duftend bis in die Morgenstunden hinein.

Fast Food auf Thailändisch: Die Garküchen bieten gute und günstige Gerichte

Silom Road: In diesem Banken- und Bürobezirk verwandeln sich besonders zur Mittagszeit die Gehwege in Open-Air-Restaurants. Garküche an Garküche findest du vor allem in der östlichen Silom Road (Richtung Lumphini Park) und in ihrer Seitenstraße *Convent Road (📖 H7) (Skytrain Sala Daeng).* Der zweite Schub von Hungrigen stürmt die Stände nach Mitternacht, wenn die Bars in der Patpong schließen.

Sukhumvit Road: In der unteren Sukhumvit an den Seitenstraßen Soi 3 bis Soi 19 *(📖 L–M5) (Skytrain Nana)* wechseln sich Straßenhändler und Straßenköche ab. Wenn die Händler etwa ab 23 Uhr ihre Stände abbauen, rollen die Küchen an und warten auf Nachtschwärmer, die aus den Barvierteln Nana Plaza und Soi Cowboy strömen. In den Seitenstraßen verköstigen auch tagsüber viele Garküchen ihre hungrige Kundschaft.

RESTAURANTS €€€

6 BISCOTTI

Italiener gibt's in Bangkok wie Sand am Meer. Dieser hier ist ein Juwel. Aus der offenen Küche kommen Gaumenschmeichler, der Service ist spitze, und trotz der hohen Qualität bekommt man auch ohne Reservierung fast immer einen freien Tisch. *Tgl. | Lunch 12–14.30, Dinner 18–22.30 Uhr | Anantara Siam Hotel | 155 Ratchadamri Road | Tel. 0 21 26 88 66 | siam-bangkok.anantara.de.com/biscotti | Skytrain Ratchadamri | Silom | J5*

7 CELADON

Inmitten eines künstlichen Teiches liegt dieser Palast der Royal Thai Cuisine. Das Abendessen wird von traditionellen Thai-Tänzen begleitet. Köstlich sind die über Holzkohle gegrillten Flussgarnelen oder der Bananenblütensalat mit Ente. Auch viele vegetarische Gerichte. *Tgl. 18–23 Uhr | Sukhothai Hotel | 13/3 Sathorn Tai Road | Tel. 0 23 44 88 88 | sukhothai.com/cuisine-en.html | U-Bahn Lumphini | Silom | J7*

8 THE CHINA HOUSE

Ob Schwalbennestsuppe oder marinierter Schweinebauch, scharfe Jakobsmuscheln mit Cashewnüssen oder frittierter Butterkrebs: Hochklassigere chinesische Küche wirst du in Bangkok kaum finden. *Do–Mo 18–22.30 Uhr | Hotel Mandarin Oriental | 48 Oriental Av. | Tel. 0 26 59 90 00 | short.travel/ban12 | Skytrain Saphan Taksin | Silom | E7*

9 LEBUA – THE DOME ★

Hier kannst (und solltest) du dich mal so richtig „aufbrezeln“: In 220 m Höhe hat man auf dem Dach des Hotels Lebua die Qual der Wahl. Das klimatisierte *Mezzaluna* serviert feinste internationale Haute Cuisine. Spektakulär ist die gläserne Hängebrücke zum *Breeze*, das edle panasiatische Speisen auftischt. In der *Distil Bar* wiederum werden nicht nur Martinis geschlürft. Und der Hit für ein Romantikdinner ist das Open-Air-Restaurant im 63. Stock: das *Sirocco* (westlich-mediterrane Küche) mit seiner *Sky Bar*. Hier schmecken die Cocktails einfach himmlisch, etwa der Thai-Thini mit Kaffir-Limettenblättern, kreiert von Mixologist Amadu. Allerdings sind auch die Preise kaum noch zu toppen … Einlass nur mit geschlossenen Schuhen, langen Hosen (Männer) und ohne Rucksack. *Tgl. | State Tower | 1055 Silom Road | Tel. 0 26 24 95 55 | lebua.com | Skytrain Saphan Taksin | Silom | F8*

> INSIDER-TIPP
> **Im siebten Cocktailhimmel**

10 ISSAYA SIAMESE CLUB

Eine über 100 Jahre alte Stadtvilla mit Holzveranda und Samtsofas in einem tropischen Garten – romantischer kann man in Bangkok exzellente Thai-Küche kaum genießen. Chefkoch Ian Kittichai ist Thailands Star unter den Fernsehköchen, und seine Phantasie kennt keine Grenzen. Wie wär's mit einem knusprigen Salat aus Bananenblüten, gefolgt von Weichschalenkrabben an salziger Eiersauce? Nur wer's probiert,

> INSIDER-TIPP
> **Zu Gast beim Fernsehkoch**

kann mitreden. *Tgl. | Lunch 11.30–14.30 Uhr, Dinner 17–22.30 Uhr | Chuaphloeng Road, Soi Sri Aksorn 4 | Tel. 026729040 | issaya.com | U-Bahn Khlong Toei | Sathorn | L8*

11 NAHM ★

Küchenchefin Pim Techamuanvivit feierte bereits in San Francisco Erfolge und auch in Bangkok ist sie kompromisslos bei Qualität und Frische der Zutaten, mit denen sie authentische Thai-Gerichte mit dem gewissen Etwas zaubert. *Mi–So | Lunch 12–14 Uhr, Dinner 18.30–21.30 Uhr | Metropolitan Hotel | Sathorn Tai Road 27 | Tel. 026253388 | comohotels.com | U-Bahn Lumphini | Silom | J7–8*

12 RANG MAHAL ★

Die klassische nordindische Küche, die im Rang Mahal zubereitet wird, ist nicht nur deshalb himmlisch, weil sie ganz oben, im 26. Stock, serviert wird. Das Lammfleisch ist so zart, vielleicht weil es eine ganze Nacht lang das Aroma von Kräutern aufsaugen konnte, aber selbst die Vorspeisenplatte ist eines Maharadschas würdig. Wer einen Tisch am Fenster reserviert, dem liegt noch dazu die Stadt zu Füßen. *Tgl. 18–23 Uhr, So auch Brunch 12–15 Uhr | Rembrandt Hotel | 19 Sukhumvit Road, Soi 18 | Tel. 022617050 | rembrandtsukhumvit.com | Skytrain Asok | U-Bahn Sukhumvit | Sukumvhit | M6*

13 BO.LAN

Vorbildliche Thai-Bio-Kost: Der Weg zum etwas abgelegenen Bo.Lan lohnt sich, denn das Lokal überzeugt mit

Beste chinesische Küche in Bangkok: The China House

erstklassigem Essen (das möglichst aus Bioprodukten gekocht wird) in edlem Ambiente. Das ehrgeizige Ziel, emissionsfrei zu arbeiten, sollen u. a. ein eigener Kräutergarten und eine Recyclinganlage erreichen. Das hat seinen Preis (etwa achtgängige Menüs ca. 80 Euro). *Lunch Do–So 12–14.30, Dinner Mi–Sa 18–22 Uhr | 24 Sukhumvit Road, Soi 53 | Tel. 022602962 | bolan.co.th | Skytrain Thong Lo | Sukumvhit | 0*

14 VERTIGO

Hier sind die Sterne zum Greifen nah. Das Lokal liegt mit „nur" 200 m zwar nicht ganz so hoch wie das Sirocco im

Vor lauter Aussicht im Vertigo nur nicht die Köstlichkeiten auf dem Teller vergessen

Lebua, aber der gegrillte Fisch, garniert mit Jazzmusik unter freiem Himmel ist ebenfalls ein Hochgenuss, im wahrsten Wortsinn. Den Sundowner-cocktail kannst du dir gleich nebenan in der *Moon Bar* bestellen. *Tgl. 18–22.30 Uhr | Hotel Banyan Tree | 21/100 Sathorn Tai Road | Tel. 0 26 79 12 00 | banyantree.com/en/thailand/bangkok/dining | U-Bahn Lumphini | Silom | J7*

RESTAURANTS €€

15 BAAN KHANITHA

Gaumenschmaus: Hier kommt Thai-Küche vom Feinsten auf die Teakholztische, zum Beispiel Hühnchen mit Zitronengras oder Fisch im Bananenblatt. *Tgl. 11–22 Uhr | 67, 69 South Sathorn Road | Mobiltel. 06 34 74 68 57 | baankhanitha.com | Skytrain Chong Nonsi, Sala Daeng; U-Bahn Lumphini oder Silom | Silom | J8*

16 BEI OTTO

Wenn die Geschmacksnerven ihr Limit erreichen und das Heimweh kommt: Hier wird dein Appetit mit super Schweinshaxen, guten Würsten und Brot aus der eigenen Herstellung gestillt. Mit Delikatessenshop. *Tgl. | 1/8 Sukhumvit Road, Soi 49 | Tel. 0 22 62 08 92 | Facebook: BeiOttoBKK | Skytrain Pom Prong und Thong Lo | Sukumvhit | 0*

17 LE DALAT

Eine Zeitreise zurück in die französische Kolonialzeit – nach Vietnam: Man sitzt wie in einer alten Pagode, umgeben von lauter edlen Hölzern, die Bedienung kommt im traditonellen *Ao dai*. Und die Küche selbst? Ist authentisch vietnamesisch, und zwar so, wie sie am Königshof in Hue und dem königlichen Sommersitz in Dalat vor 200 Jahren geschätzt wurde. Natürlich gehören Sommerrollen dazu, aber auch Fisch, der – wie es sich in Vietnam gehört – im Gemüse und frischen Kräutern schwimmt. *Tgl., Lunch 11.30–14.30 Uhr, Dinner 17.30–22 Uhr | 14 Sukhumvit Road, Soi 23 | Tel. 02 59 95 93 | Facebook: ledalatrestaurant | Skytrain Asok; U-Bahn Sukhumvit | Sukumvhit | 0*

18 DTF (DAO TU FOOK)

Die jungen Betreiber servieren originelle Kombinationen aus der chinesischen Küche wie Calamari in Auberginensoße auf Manou-Reis und natürlich diverse Entenvariationen. Kleine Karte, auch die Portionen, aber alles sehr lecker. Dazu kubanische Salsa und Retrofeeling mit echtem Oldtimer und lauter Flohmarktfundstücken als Deko unterm Kronleuchter. Derart inspiriert könnte dein Gang zur Verdauung die Treppe hoch in die erste Etage führen: Retro-Shop till you drop (s. S. 86) *Di–So 17–22, Sa, So ab 12 Uhr | 209 Chakkraphatdiphong Road | dtfbkk.com | Mobiltel. 09 58 13 32 59 | Saen-Saep-Klongboot Tha Phanfa Leelard | Banglamphoo | E2*

19 THE DECK

Wo soll man hier bloß zuerst hinschauen? Auf den eigenen Partner sicherlich nicht, ausnahmsweise. Auffällig viele Paare sitzen in diesem ja eigentlich sehr romantischen Lokal nebeneinander, nicht sich gegenüber. Denn wer will schon den sagenhaften Blick auf den nachts stimmungsvoll beleuchteten „Tempel der Morgenröte" Wat Arun verpassen! Die Augen werden schon oft genug „abgelenkt", denn auch die Speisen können sich sehen lassen – ob im Bananenblatt oder als Erdbeer-Doppeldecker-Eis. Am besten schmecken Oktopus oder Pilzrisotto hier draußen auf den Holzplanken. Das Lokal liegt etwa versteckt am Ende einer kleinen Gasse hinter dem Wat Pho direkt am Fluss. *Tgl. | Hotel Arun Residence | 36–38 Maharat Road, Soi Pratu Nok Yoong | Tel. 0 22 21 91 58 | arunresidence.com | Chao-Phraya-Expressboot Tha Tien; U-Bahn Sanam Chai | Rattanakosin | b5*

INSIDER-TIPP
Viel Kost fürs Auge

20 EAT ME

Das Interieur des coolen Restaurants ist minimalistisch, die Speisen hingegen zeigen sich phantasievoll: Auf der Karte stehen Westliches mit kreativem asiatischem Einschlag und super Cocktails. Der Clou: Internationale Künstler sind mit Kunstwerken an den Wänden vertreten, die Bilder kann man kaufen. *Tgl. 15–1 Uhr | Convent Road, Soi Phipat 2 | Tel. 0 22 38 09 31 | eatmerestaurant.com | Skytrain Sala Daeng; U-Bahn Silom | Silom | H7*

INSIDER-TIPP
Kauf mich: Essen, Trinken, Kunst

21 HARMONIQUE

Charmantes kleines Restaurant, voll mit Antiquitäten und mit viel Grün. Auf traditionellen chinesischen Teehaustischen wird hier beste thai-chinesische Hausmannskost serviert, zum Beispiel große schwarze Pilze, gefüllt mit Krabbenfleisch, oder Gurkensalat mit Shrimps. *So geschl.* | *22 Charoen Krung Road, Soi 34* | *Tel. 0 22 37 81 75* | *Facebook: harmoniqueth* | *Expressboot Tha Wat Muang Khae; Skytrain Saphan Taksin* | *Silom* | *E7*

22 SEVEN SPOONS

Fern von der touristischen Laufkundschaft müssen sich Gastronomen in Bangkoks umkämpfter Restaurantszene schon etwas Besonderes einfallen lassen und das gelang hier im Seven Spoons par excellence. Im stilsicher modern gestalteten Ladenhaus gerät man bei köstlichen mediterran-inspirierten Gerichten regelrecht ins Schwärmen. Die Gäste schwören auf das lokale Craftbeer. Der Service ist top, und auch der Barkeeper versteht sein Geschäft. Das alles hat aber auch seinen Preis. *Mo-Sa 11–15 u. 17–23 Uhr* | *22–24 Chakkrapatipong Road* | *Tel. 0 26 29 92 14* | *sevenspoonsbkk.com* | *Saen-Saep-Klongboot Tha Phanfa Leelard (von dort ca. 10 Min. zu Fuß); U-Bahn Sam Yot oder Skytrain Phaya Thai (von dort jeweils 20 Min. mit Taxi)* | *Banglamphoo* | *E2*

23 HEMINGWAY

Kubaatmosphäre inmitten des Barviertels: Auf der Terrasse und im Biergarten lässt sich das (nächtliche) Treiben herrlich beobachten, und du kannst dich mit Burritos & Mojitos stärken, bevor du dich selbst ins Bar-Hopping stürzt. Gigantische Speisekarte, selbst Quinoa hat hier Einzug gehalten. *Tgl.* | *Sukhumvit Soi 11* | *Tel. 0 26 53 39 00* | *hemingwaybangkok.com* | *Skytrain Nana* | *Sukhumvit* | *M5*

Grillspezialitäten, die nach Meer schmecken: Seafood ist variantenreich in Thailand

24 T & K SEAFOOD

Authentisch, geschäftig und relativ günstig: Mitten in der wuseligen Chinatown brutzeln, grillen und dämpfen die grün gekleideten Mitarbeiter seit Jahren massig frische Meeresfrüchte. Menschen stehen tagtäglich Schlange, um hier einen Tisch zu ergattern. Deine Geschmacksnerven werden dir schnell verraten, warum. *Tgl. 16.30–2 Uhr | 49–51 Phadung Dao Road | Tel. 0 22 23 45 19 | Facebook: tkseafood | U-Bahn Wat Mangkon | Rattanakosin | E5*

RESTAURANTS €

25 AROY DEE FOOD MARKET

Große Karte mit vielen Fotos: In diesem Biergarten kann man nix falsch machen und bestellt die Klassiker, etwa Hühnchen mit Cashewnüssen und zum Nachtisch Mango mit Klebreis – die Preise sind nicht der Rede wert, obwohl man mitten auf der Barstraße unter lauter *farang* (Langnasen) speist. *Tgl. | Sukhumvit Soi 11 | Skytrain Nana | Sukhumvit | M5*

26 BAN CHIANG

Mitten im modernen Sathorn lädt dieses alteingesessene Restaurant auf eine kulinarische Zeitreise ein. Im charmanten Teakholzhaus genießt man das Beste der thailändischen Küche und zahlt dafür nicht mal viel. *Tgl. 11.30–14 und 17.30–22.30 Uhr | 14 Si Wiang Road | Tel. 0 22 36 70 45 | Skytrain Surasak | Silom | F8*

27 CENTRAL FOOD LOFT ★

Gehobenes Street Food zum kleinen Preis im 7. Stock des Kaufhauses Central Chitlom: Foodies können sich hier durch die Küchen der halben Welt schlemmen und diese nach Lust und Laune kombinieren. Warum nicht mal Sushi als Vorspeise zur Lasagne? Alles wird vor deinen Augen frisch zubereitet. *Tgl. | Central Chitlom Department Store | 1027 Ploenchit Road | Skytrain Chit Lom (direkter Zugang) | Pratunam | K4*

28 NOPPARAT

Seit 1982 an gleicher Stelle – und noch immer bietet das Nopparat bodenständige Thai-Küche zu anständigen Preisen. Hier kannst du thailändischen Wein probieren und im ersten Stock nach Secondhandklamotten Ausschau halten. *Mi–So 11–14.30 u. 17.30–21 Uhr | 130–132 Phra Athit Road (gegenüber Phra Sumen Fort) |*

Legendär ist das Thip Samai, noch legendärer das *pad thai*, das dort serviert wird

Tel. 02 08 75 175 | Chao-Phraya-Expressboot Tha Phra Athit | Banglamphoo | b1

29 NANG LOENG

Eine mehr als einhundert Jahre alte Markthalle im nordöstlichen Rattanakosin: Die schmiedeeiserne Halle war im Jahr 1900 die erste ihrer Art in Thailand, als die vielen schwimmenden Märkte aufgrund der zugeschütteten Klongs verschwanden. In diesem typischen alten Wohnviertel leben noch heute viele (betagte) Künstler, darunter Tänzerinnen und Musiker. In einigen Häusern wie dem Narasilpa House oder im Baan Nang Lerng (ausgeschildert) wird das kulturelle Erbe in regelmäßigen Aufführungen gezeigt. Mitten im Gassengewirr versteckt sich die Markthalle, hier gehen die Thais einkaufen und zu Mittag essen. Hier kommst du leicht ins Gespräch mit der Hausfrau oder dem Büroangestellten. Neben Obst- und Gemüseständen, den Garküchen mit Currys (besonders voll ist es in der Ecke bei Khao Gaeng Ruttana mit 20 und mehr Curry-Variationen) und den superleckeren frisch gemixten Obst-Shakes. Und ein Dessert geht immer: Hier sind besonders die Süßigkeiten *(khanom wan)* verlockend, darunter auch einige traditionelle ultrasüße Raritäten nach jahrhundertealten Rezepten, die man heute nicht mehr überall bekommt. Probier mal *khanom tako*, einen Pudding mit Kokossahne-Häubchen im Pandanusblatt, am Stand von Khun Nantha (engl. Schild). *Tgl. 10–13 Uhr | Nakhon Sawan Road, Soi 6 | ca. 10 Min. Fußweg von Saen-Saep-Klongboot Tha Phanfa Leelard | Banglamphoo | E2*

INSIDER-TIPP
Süßer geht nicht

30 PRACHAK

Stetes Kommen und Gehen herrscht in der Suppenküche. Traveller in Trekking-Outfit neben Thais in Firmenkleidung oder -kosüm speisen gemeinsam. Der oder die eine wählt den berühmten Bratreis oder knuspriges Schweinefleisch, andere die Spezialität, die hier schon seit 1909 angeboten wird: Ente in allen Variationen, am besten geröstet. *1415 New Road Silom (südliche Charoen Krung Road nahe Lebua Hotel) | Bangrak | Tel. 0 22 34 37 55 | prachakrestaurant.com | Skytrain Saphan Taksin | Silom | F8*

31 ROTI-MATABA

Seit gut 70 Jahren bekommen Hungrige im einfachen Familienbetrieb köstliche *roti* aufgetischt. Dabei handelt es sich um leicht süßlich schmeckende indische Fladenbrote, die mit Currysauce besonders lecker sind. Günstig, authentisch und beliebt. *Mo geschl. | 136 Phra Athit Road | Tel. 0 22 82 21 19 | roti-mataba.net | Chao-Phraya-Expressboot Tha Phra Athit | Banglamphoo | b1*

32 SUSTAINA

Hier kommt nur Bio-Reis auf den Teller! Und die Steaks kommen als Tofu daher. Das Restaurant über dem Bioladen wird von der Biofarm „Harmony Life" beliefert und kombiniert japanische mit thailändischer und vegetarischer Küche. Hühnchen und Meeresfrüchte gibt's auch, aber kein rotes Fleisch. Wer jetzt Lust bekommen hat, Organisches nicht nur zu essen, sondern auch mal auf einer Biofarm mitanzupacken und etwas zu lernen, der kann hier gleich einen Workshop in der Life Organic Farm in Khao Yai buchen. *Tgl. | Sukhumvit Road, Soi 39, erste Seitengasse von der Soi links | Tel. 0 22 58 75 73 | Facebook: SustainaOrganicRestaurant | Skytrain Phrom Phong | Sukumvhit | 0*

33 THE FAT COW (YAOWARAT)

Für den kleinen (Fleisch-) Hunger zwischendurch – selbst in Chinatown muss es ja nicht immer Nudelsuppe sein. Versteckt im Gassengewirr nördlich der Yaowarat Road führt hier eine kleine Weltreise durch die Vielfalt der Burger von den USA über Italien, Mexiko und Vietnam *(banh mi)* bis zum *signature burger* „The Fat Cow Burger", der wahren Spezialität des Hauses. Aber es gibt auch deftige Steaks, Sandwiches, Salate und andere Snacks in dem winzigen Lokal (oben speist man auf der Terrasse). Manche kommen von weit her und schwören: die besten Burger der Stadt. *Tgl. | 36/12 Yisipsong Karakadakhom Road | Mobiltel. 09 02 95 84 14 | Facebook: thefatcow yaowarat | U-Bahn Wat Mangkon | Chinatown | E5*

34 THIP SAMAI ★

Die legendäre *pad thai* (auch: *phat thai*) lohnt das Anstehen! Wie eh und je werden die Nudeln auf Holzkohle gebraten und erhalten so ihr unverwechselbares Aroma. Auch der frische Orangensaft wird dich bestimmt begeistern. *Tgl. | 313 Maha Chai Road | Tel. 0 22 26 66 66 | thipsamai.com | Saen-Saep-Klongboot Tha Phanfa Leelard | Phra Nakhon | d3*

SHOPPEN & STÖBERN

Wer nach Bangkok mit halbleeren Koffern reist, ist eindeutig im Vorteil. Selbst Einkaufsmuffel legen sich hier irgendwann einen Zweitkoffer zu. Thailands Metropole ist ein Shoppingparadies, das seinesgleichen sucht.

In gigantischen Einkaufszentren, zahllosen Läden und auf labyrinthischen Wochenmärkten lauert die Qual der Wahl. Nicht zu vergessen: die fliegenden Gehsteighändler, die abends ganze Straßenzüge zu Shoppingmeilen umfunktionieren. Und fast alles ist deutlich billiger als zu Hause. Das gilt nicht nur für klassische Thailand-Mitbringsel wie

Alle Adressen in diesem Kapitel findest du auf der Faltkarte

Konsumtempel der Superlative: Central World Shopping Plaza

Textilien, Lederwaren oder Kunsthandwerk, sondern auch für Mode und Accessoires, Brillen, Gewürze, Medikamente und selbst Geschirr. In Kaufhäusern und Boutiquen gelten Festpreise, aber es gibt eigentlich immer Sales mit Sonderpreisen. Besonders große Schnäppchen kannst du beim stadtweiten *Amazing Thailand Grand Sale* von Mitte Juni bis Mitte August ergattern.

WO BANGKOK SHOPPT

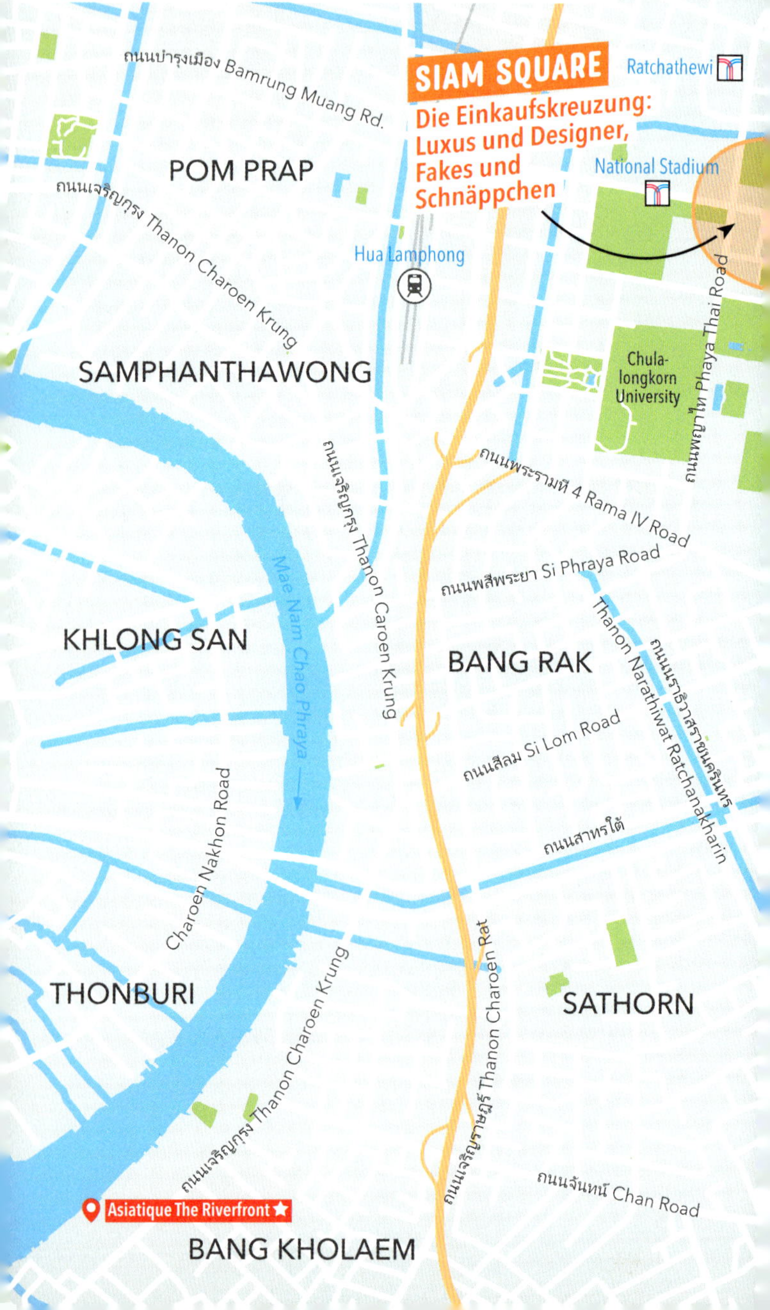

MARCO POLO HIGHLIGHTS

★ CENTRAL WORLD
Hier kannst du shoppen und schlemmen ohne Ende ➤ S. 82

★ SIAM PARAGON
Einkaufsparadies vom Allerfeinsten ➤ S. 84

★ ASIATIQUE THE RIVERFRONT
Riesiger Nachtmarkt mit Flair ➤ S. 87

★ PLATINUM FASHION MALL
Das riesige Einkaufszentrum ist die perfekte Adresse für Frauen im Kaufrausch ➤ S. 84

★ CHATUCHAK WEEKEND MARKET
Auf zum wohl größten Flohmarkt der Welt ➤ S. 88

Auf Straßenmärkten ist Handeln Pflicht, es sei denn, die Preise sind ausgeschildert. Faustregel eins: Man nennt einen Preis etwa 50 Prozent unter dem des Händlers und einigt sich bei etwa zwei Dritteln des ursprünglich geforderten Betrags. Faustregel zwei: nicht noch um den letzten Baht schachern und immer schön locker bleiben. Kaufhäuser, Einkaufszentren und Läden sind von 10 bis 21 Uhr geöffnet, viele auch bis 22 Uhr – und das täglich. Die meisten Straßenhändler bieten ihre Waren vom Nachmittag bis spät in die Nacht an.

ANTIQUITÄTEN

„Antiquitäten" gibt es an jeder Ecke. Aber nicht alles, was alt aussieht, hat deswegen auch schon ein paar hundert Jahre auf dem Buckel. In Thailand lebt eine ganze Industrie vom Kopieren. Nach Schätzungen sind bis zu 80 Prozent der erhältlichen Antiquitäten Fälschungen. Antiquitätenkauf in Bangkok ist also etwas für Experten. Ein seriöses Geschäft wird die obligatorische Ausfuhrgenehmigung, auch für Reproduktionen, für dich beschaffen. Wer sich das amtliche Papier auf eigene Faust besorgt, muss eine Wartezeit von rund zwei Wochen einkalkulieren. Informationen erteilt das *Fine Arts Department (81 Sri Ayudhaya Road | Wachira Phayaban | Bezirk Dusit | Tel. 0 21 26 62 52)*.

WOHIN ZUERST?

Eigentlich ist die ganze Stadt ein Shoppingareal, denn es gibt keine klare Trennung zwischen Wohn- und Geschäftsvierteln. Nirgendwo aber sind die Einkaufsmöglichkeiten konzentrierter als zwischen den Skytrain-Stationen Chit Lom und Siam. Sie sind unterhalb der Hochbahntrasse mit den **Skywalks** *(🕮 H–J4)* verbunden, einem Fußgängersteg. Von dort gelangst du in eine Reihe von Shoppingcentern, ohne runter auf die Straße zu müssen. Absolute Highlights sind die edlen Zentren Siam Paragon und Central World.

1 RIVER CITY SHOPPING COMPLEX

Das größte Einkaufszentrum für Antiquitäten und Kunstgewerbe. Mehr als 50 Geschäfte präsentieren Objekte insbesondere aus China und Südostasien, dazu gibt's jede Menge Restaurants und abends richtig gute Livebands im Foyer mit hervorragender Akustik. Jeden ersten Samstag im Monat ab 13.30 Uhr Auktionen. *23 Trok Rongnamkhaeng, Yotha Road, beim Hotel Royal Orchid Sheraton | rivercity.co.th | Chao-Phraya-Expressboot Tha Si Phraya | Silom | 🕮 E6–7*

BUDDHAFIGUREN

Buddha ist allgegenwärtig, in Antiquitätengeschäften für Tausende von Euro oder bei Straßenhändlern und in Souvenirshops für wenig Geld. Aber: Offiziell ist die Ausfuhr der Statuen für Nichtbuddhisten ohne Genehmigung verboten. Die Ausfuhr historisch wertvoller Buddhas ist generell nicht er-

Auch Mönche brauchen Computer – im Pantip Plaza gibt's das volle Programm

laubt. Ein korrekter Händler wird dich darauf hinweisen bzw. die behördliche Genehmigung für dich besorgen (s. o.). Erfahrungsgemäß sind die Kontrollen bei der Ausreise nicht streng. Aber wer mit einer Buddhastatue erwischt wird, besonders wenn sie wertvoll ist, muss mit Beschlagnahmung und erheblicher Strafe rechnen.

BÜCHER

2 ASIA BOOKS

Die große Buchhandelskette bietet eine gute Auswahl an englischsprachigen Titeln. *Filialen u. a. im: Central World (999/9 Ratchadamri Road | Skytrain Chit Lom | Siam Square | ▯ J4), Siam Paragon (991 Rama I Road | Skytrain Siam | Siam Square | ▯ H4)* und im *Terminal 21 (88 Sukhumvit Road, Soi 19 | Skytrain Asok | U-Bahn Sukhumvit | Sukhumvit | ▯ M6).*

3 KINOKUNIYA

Im größten Buchladen Thailands findest du nahezu alles! Ob Comics, Reiseführer, Fachliteratur zu Südostasien oder Romane. Leider keine deutschsprachigen Titel. Hauptfiliale im *Siam Paragon (991 Rama I Road | Skytrain Siam | Siam Square | ▯ H4)*, weitere Filialen *Central World (999/9 Ratchadamri Road | Skytrain Chit Lom | Siam Square | ▯ J4)* und im *EmQuartier (689 Sukhumvit Road | Skytrain Phrom Phong | Sukhumvit | ▯ 0). thailand.kinokuniya.com*

COMPUTER & KAMERAS

4 PANTIP PLAZA

Bangkoks größter Supermarkt für Computerfeaks mit über 300 Geschäften. Software ist hier ausgesprochen günstig, das Pantip gilt nämlich auch als Zentrum der Softwarepiraten. Daran ändern auch gelegentliche Razzien nichts. Auch Laptoptaschen und Ersatzakkus gibt es für wenig Geld. Ansonsten kosten Kameras und elektronische Markenwaren in Bangkok oft mehr als zu Hause oder zumindest den gleichen Betrag. Also immer gut vergleichen, am besten vorher! *Phetchaburi Road, nahe Prathunam Market | Saen-Saep-Klongboot Tha Pratunam | Pratunam | J3*

EINKAUFSZENTREN

5 CENTRAL WORLD ★ ☂

Ein gewaltiger Konsumtempel auf rund 550 000 m² und über sieben Etagen, mit 500 Läden und mehr als 100 Cafés und Restaurants – eines der größten Shoppingcenter von ganz Südostasien. Die Preise sind meist wie zu Hause (oder teurer), egal ob Mode, Elektronik, Apotheke oder Essen. Alles ist edel, eisgekühlt, hell und so geräumig, dass selbst bei großem Andrang keine Enge entsteht. Es finden regelmäßige Modeschauen und Ausstellungen statt. Im obersten Stockwerk gibt es Kinos und einen riesigen Supermarkt sowie ganz hinten das Isetan-Kaufhaus. Fast nahtlos geht der Komplex Richtung Rama I. Road über in das benachbarte stylische Kaufhaus Zen. *999/9 Ratchadamri Road | centralworld.co.th | Skytrain Chit Lomund Siam | Siam Square | J4*

6 CENTRAL CHITLOM

Auf sechs Stockwerken gibt es eine enorme Auswahl an Textilien und Schuhen, Parfüm, Haushaltswaren, Spielzeug und vielem mehr zu durchstöbern. Der 7. Stock wartet nach dem Einkaufsbummel mit einem schicken Foodloft auf, wo man sich in aller Ruhe quer durch ein internationales kulinarisches Angebot futtern und Energie tanken kann. *1027 Ploenchit Road | central.co.th | Skytrain Chit Lom (direkter Zugang) | Siam Square | K4*

INSIDER-TIPP
Pause? Stärkung? Ab in den Foodcourt!

7 EMPORIUM

Hier findest du mehr als 180 Shops, darunter viele Nobeljuweliere, Uhrengeschäfte und Boutiquen mit internationalen Edelmarken, sowie Dutzende von Restaurants, Delikatess- und Confiseriestände auf sechs Stockwerken, dazu ein Kaufhaus. In der Konditoreiabteilung im obersten Stock wartet ein riesiges Angebot Süßem auf Naschkatzen. Besonders lecker sind die Kuchen und Macarons im edlen *Mandarin Oriental Shop (Facebook: MandarinOrientalShop).*

Direkt auf der gegenüberliegenden Straßenseite liegt das *EmQuartier (emquartier.co.th)*, die moderne Erweiterung des Emporium. *622 Sukhumvit Road, Soi 24 | emporium.co.th | Skytrain Phrom Phong (direkter Zugang) | Sukhumvit | 0*

8 GAYSORN VILLAGE

Exklusive Boutiquen und internationale Nobelmarken sowie Restaurants findet man im Gebäudekomplex, der früher Gysorn Plaza hieß. *999 Ploenchit Road | gaysornvillage.com | Skytrain Chit Lom (direkter Zugang) | Siam Square | J4*

Geht's noch größer? Nein, das Icon Siam ist das größte Shoppingcenter Asiens

9 ICON SIAM

Höher, größer, teurer: ikonisch! Das derzeit riesigste Shoppingcenter in Asien! Natürlich alles vom Feinsten, von Armani bis Louis Vuitton, thailändisches Luxusporzellan von Benjarong, Icon Craft Souvenirs und Dekowaren, und wer schnell noch einen Porsche kaufen will, kann auch dies hier tun. Nur Schnäppchen sucht man hier vergebens, denn die Preise sind wie zu Hause (wenn nicht teurer…).

INSIDER-TIPP
Schnäppchen à la carte

Aber mit der Iconsiam Tourist Card gibt es bis zu 30 % Rabatt in einigen Läden.

Direkt am Fluss auf der Thonburi-Seite ist das Center mit seinen beiden Wolkenkratzern nicht zu übersehen. Am besten lässt man die Kreditkarte im Hotel und nimmt Icon Siam als Erlebnisattraktion mit Kunstausstellungen, Spielplätzen und vielen Aktionen für die Kids: beispielsweise mit einer Lichtershow *(tgl. um 18.30, Fr–So auch 20 Uhr)*, die mit bis zu 35 m hohen Wasserfontänen beeindruckt. *Tgl. | 299 Soi Charoen Nakhon | iconsiam.com | Gratis-Shuttle vom Tha Sathorn und Tha Si Phraya (tgl. 9–23 Uhr) sowie Chao-Phraya-Expressboot, Skytrain Krung Thonburi und Charoen Nakhon | Thonburi | ◫ E7*

10 MAH BOON KRONG CENTER (MBK)

Günstige Preise und jeden Tag Jahrmarktstimmung: Das MBK ist ein absoluter Dauerbrenner unter den Shoppingzentren. Auf sieben gigantischen Stockwerken drängen sich 1500 Läden und Stände, die mit Textilien, Souvenirs und Technik handeln (und sogar Mengenrabatte anbieten). Im Tokyu Department Store im 1. Stock hinter dem Supermarkt gibt's lauter

kleine „lohnt-sich"-Stände für allerlei (und nicht alles ist fake …).
Da die Thais ihre Handys fast so schnell wie ihre Hemden wechseln, findest du im 4. Stock eine gigantische Auswahl gebrauchter Mobiltelefone. *Rama I./Ecke Phaya Thai Road | mbk-center.co.th | Skytrain National Stadium (direkter Zugang) | Siam Square | H4*

11 PLATINUM FASHION MALL ★

Laut Eigenwerbung „Thailands largest Fashion Mall". Bei rund 1000 Shops dürfte das hinkommen. Hochwertige Designermode gibt es hier nicht, dafür aber jede Menge Kleidung und Accessoires sowie Schuhe – und alles zu Tiefstpreisen. Der perfekte Ort für Frauen, die sich für wenig Geld neu einkleiden möchten. Hier decken sich auch Großhändler mit Ware ein. *222 Phetchaburi Road | platinumfashionmall.com | Saen-Saep-Klongboot Pratunam; Skytrain Chit Lom, von dort knapp 10 Min. zu Fuß | Siam Square | J4*

12 SIAM CENTER

Das Center mit seinen 120 Shops ist besonders beliebt bei der trendbewussten Hauptstadtjugend. Gleich nebenan liegt das *Siam Discovery Center*, das noch eine Spur angesagter ist. *Rama I Road | siamcenter.co.th | Skytrain Siam Central (direkter Zugang) | Siam Square | H4*

13 SIAM PARAGON ★

Kaum zu glauben, aber wahr: In diesem edlen Konsumpalast kann man sich im 2. Stock mit dem entprechenden Kleingeld das neueste Ferrari-, Maserati- oder BMW-Modell aussuchen. Der Nachschub kommt dann per Kran! Oder wie wär's mit einem Prada-Täschchen? Aber auch die angesagten thailändischen Modelabels wie Flynow, Greyhound und Jaspal sind vertreten. Der Essensmarkt im Erdgeschoss ist eine Augenweide, und den Hunger stillen kannst du an über 100 Ständen und Restaurants. Zudem finden sich ein großer Supermarkt, 52 Bowling-Bahnen und ein Multiplexkino.
Außerdem leben im Siam Paragon Haie, Pinguine und 400 weitere Arten von Meerestieren. Im Untergeschoss liegt mit dem das *Sea Life Bangkok Ocean World (tgl. 10–20 Uhr | Eintritt Erw. 1380 Baht, Kinder 790 Baht (Onlinetickets günstiger) | visitsealife.com/bangkok/en)* nämlich das größte Aquarium Thailands. Gläserne Tunnel gewähren Einblicke in die Unterwasserwelt. Hinter einer imposanten Panoramafront tummeln sich riesige Rochen und bunte Korallenfische. Einen Schreck jagen einem die skurrilen Riesenkrabben aus der japanischen Tiefsee ein. Ein toller Anblick sind die fluoreszierenden Quallen. *991 Rama I Road | siamparagon.co.th | Skytrain Siam (direkter Zugang) | Siam Square | H4*

14 SILOM COMPLEX

Moderner Einkaufskomplex mitten in Silom mit einer Filiale der japanischen Design-Kette Muji. *191 Silom Road, nahe Patpong | silomcomplex.net/en | Skytrain Sala Daeng; U-Bahn Silom | Silom | H7*

15 TERMINAL 21

Modeenthusiasten aufgepasst: Das kreative Einkaufszentrum steckt voller kleiner Boutiquen, von kitschig bis elegant, von kindisch bis erwachsen, hier finden Fashionistas garantiert das passende Outfit. Die acht Stockwerke sind nicht nur thematisch sortiert, sondern auch entsprechend gestaltet. Vom „Flughafen" im Erdgeschoss geht's nach London, Rom, Paris, Tokio, Istanbul oder San Fransisco. *88 Sukhumvit Road, Soi 19 | terminal21.co.th | Skytrain Asok (direkter Zugang); U-Bahn Sukhumvit | Sukhumvit | M5*

16 ZEN

Das stylische Kaufhaus dürfte Bangkoks größte Auswahl an exquisiten Handtaschen zu bieten haben. Auch Damen mit Faible für Schuhe können in die Vollen gehen. Riesige Auswahl an internationaler und thailändischer Designermode. *Im Central World | 999/9 Ratchadamri Road | zen.co.th | Skytrain Chit Lom | Siam Square | J4*

GOLD & JUWELEN

INSIDER-TIPP
Goldrausch in Chinatown

Gold ist seit jeher eine beliebte Wertanlage im Land des Lächelns. Das schwere Edelmetall wird in speziellen Goldshops feilgeboten, die sich besonders in der Chinatown entlang den zentralen Yaowarat Road und Charoen Krung Road angesiedelt haben. Der Preis orientiert sich am aktuellen Goldwert, auf den je nach Verarbeitungsgrad ein Aufschlag erhoben wird.
Thailand ist weltweit ein Zentrum für die Herstellung von Juwelenschmuck.

Glänzende Geschäfte: Goldshops in Chinatown locken mit Schmuck & Co.

Leider tummeln sich hier auch viele schwarze Schafe, die ihren Kunden synthetische oder minderwertige Steine zu überhöhten Preisen andrehen. Eine ganze Brigade von Schleppern hat sich darauf spezialisiert, Touristen in solche Geschäfte zu locken. Im Betrugsfall versucht die *Touristenpolizei (Hotline 1155)* zu helfen. Die Wahrscheinlichkeit das Geld zurückzubekommen ist aber eher gering. Als seriös gelten die Juweliere in den Shoppingarkaden der teuren Hotels, allerdings sind hier auch die Preise höher. Den Wert der gekauften Steine schätzt die Juweliersvereinigung *Thai Gem & Jewelry Traders Association (Jewelry Trade Center | Mo–Sa 10–19 Uhr | 52th Floor | 919/1 Silom Road | Tel. 0 26 30 10 00 | jewelrytradecenter.com | Skytrain Sala Daeng, U-Bahn Silom | Silom | H7).*

17 DTF (DAO TU FUK)

Im ersten Stock des thai-chinesischen Lokals versteckt sich eine wahre Fundgrube: Das Stöbern zwischen Perlen- und Paillettenkleidern wird zu einer echten Zeitreise: Wie wär's mit einem Hochzeitskleidschnäppchen für schlappe 280 Euro… Die Kleidung ist zwar nur teils Secondhand, aber die Vinylplatten sind es definitiv: Paul Anka, The Supremes und erst die alten wunderschön nostalgischen Thailand-Postkarten und originalen Ray-Ban-Brillen!

INSIDER-TIPP
Nostalgie-Stöbern in den Sixties

Auch wer noch ein Souvenir, Modeschmuck oder Kunsthandwerk sucht, wird hier garantiert fündig: Geruchsöle (nicht aus den Sixties…), Sonnenhüte, Taschen und viele andere originelle (Retro-)Accessoires. *Di–So 17–22, Sa/So ab 12 Uhr | 209 Chakkraphatdiphong Road | dtfbkk.com | Saen-Saep-Klongboot Tha Phanfa Leelard | Banglampho | E2*

18 JOHNY'S GEMS

Der Exporteur, Groß- und Einzelhändler ist seit mehr als 60 Jahren im Geschäft, führt Schmuck von ausgezeichnetem Design und hat einen guten Ruf. *197–199 Fueng Nakorn Road, Seitenstr. der Charoen Krung Road, nahe Wat Ratchabophit | Facebook: johnysgems | U-Bahn Hua Lampong, dann 15 Min. mit dem Taxi | Rattanakosin | c4*

KUNSTHANDWERK & HANDARBEITEN

19 CABBAGES & CONDOMS HANDICRAFTS

Neben dem gleichnamigen Restaurant gelegen. Wer hier einkauft, tut ein gutes Werk: Der Erlös kommt unter anderem der Aidshilfe zugute. *6 Sukhumvit Road, Soi 12 | Skytrain Asok | U-Bahn Sukhumvit | Sukhumvit | M6*

20 CHITRALADA SHOPS

Unter der Schirmherrschaft der Königin wurde dieses vorbildliche Projekt aufgebaut. Die Chitralada-Stiftung hilft mit ihren Shops der armen Landbevölkerung und insbesondere Hausfrauen dabei, ein Nebeneinkommen zu erwirtschaften. Die von ihnen in Heimarbeit hergestellten Körbe, handgeweb-

Entertainment zum Einkaufsbummel: Asiatique the Riverfront

ten Stoffe und Textilien, Kunsthandwerk und Souvenirs werden hier zu fairen Preisen verkauft. *Filialen: Oriental Place (Charoen Kung Road, Soi 38, nahe Mandarin Oriental Hotel | Chao-Phraya-Expressboot Tha Oriental | Silom | ⊞ E7), Thaniya Plaza (Silom Road | Skytrain Sala Daeng | Silom | ⊞ H7), außerdem Filialen beim Grand Palace und am Flughafen*

21 DOI TUNG LIFESTYLE

Hier dreht sich alles um die Bergvölker und ihre Produkte, die im gleichnamigen königlichen Projekt vermarktet werden, um die oft verarmten Ethnien zu unterstützen: Handtaschen, Tischdecken und Blusen, aber auch Porzellan und Geschenkpapier aus den Blättern des Maulbeerbaumes. Oder ein bisschen mehr bio: Kaffee, Macadamianüsse und Pflanzen. *7 Nha Phra Lan Road | doitung.com | Chao-Phraya-Expressboot Tha Chang und U-Bahn Sanam Chai | Rattanakosin | ⊞ b3*

MÄRKTE

22 ASIATIQUE THE RIVERFRONT ★

Shoppen, Schlemmen, Staunen: Am südlichen Flussufer wurden alte Lagerhallen zu einem riesigen, attraktiven Touristen-Jahrmarkt ausgebaut, der unter der Pandemie arg gelitten hat, aber es öffnen immer weitere Geschäfte mit einem vielseitigen Angebot von T-Shirts über Gemälde bis hin zu Schmuck und Souvenirs, alles begleitet von Livemusik. Shoppingmuffel bestaunen einfach vom 60 m hohen Riesenrad das Treiben, wenn die Liebsten unten im Gewusel und im Kauf-

Chatuchak Market: nur für Willensstarke oder Reisende mit großen Koffern

rausch sind. Hier kann man die Showgirls im *Calypso Cabaret (s. S. 102)* erleben oder andere (temporäre) Shows wie Disney & Co, die eher Familien anziehen. Und wenn Hunger oder Durst dich packt: Zahlreiche Restaurants und Biergärten schaffen Abhilfe. *Tgl. 17–24 Uhr | 2194 Charoen Krung Road, Soi 72–76 | am Chao Phraya etwa 2 km südlich vom Skytrain Saphan Taksin | asiatiquethailand.com | kostenlose Shuttleboote ab Tha Sathon (Central) von 17–22 Uhr alle 15 Min. | Silom | ⊞ 0*

23 CHATUCHAK WEEKEND MARKET ★

Wer partout nichts kaufen will, sollte gar nicht erst kommen! Ein Bummel über den angeblich größten Flohmarkt der Welt bleibt nicht ohne Folgen: prall gefüllte Tüten und Taschen mit Mitbringseln, Klamotten und was man schon sein Leben lang gesucht hat. An mehr als 15 000 Ständen und Buden findest du alles – Cowboyhüte und ausgeflippte Kleidung, rosafarbene Küken und Bonsaibäume, Kaffeekannen, Kunst und Krempel, Kurioses, Nützliches und Unnützes, Wertvolles und viele Fälschungen. Auch viele junge thailändische Designer sind mit ihren neuesten Kreationen vertreten. Einmalig! Komm so früh wie möglich, dann ist es noch nicht so heiß und voll, denn jedes Wochenende drängen sich rund 500 000 Menschen über das Gelände. Freitags ist ein Teil des Marktes für Großhändler geöffnet, das allgemeine Publikum kommt am Wochenende. *Sa/So 9–18 Uhr | Chatuchak Park | Paholyot-*

hin Road | chatuchakmarket.org | Skytrain Mo Chit; U-Bahn Chatuchak | Paholyothin | 0

24 PAHURAT MARKET

Es leuchtet in grellen Neonfarben aus den Sari-Geschäften, es duftet nach Räucherstäbchen und kräftigen Gewürzen. Auf dem großen Textilmarkt in Little India kaufen die Thais Stoffe für ihre Hochzeitskleider, aber auch kräftigen Tweed aus England und fließende Seide aus Japan. Das meiste wird als Meterware verkauft. *Pahurat Road | Expressboot Tha Saphan Phut | Rattanakosin | c5*

25 TALAD PAK KLONG

Ein Markt für alle Sinne! Die ganze Fülle der Tropen – von Obst über Gemüse bis Blumen ist hier zu erleben. Auf dem *Blumenmarkt* (das Areal nahe Wat Pho) riecht es nicht nur verführerisch nach Jasmin, Rosen und sogar Tulpen, hier geraten Foto-Enthusiasten regelmäßig in Exstase (was wiederum die Thais belustigt). Räucherstäbchen gibt es hier auch en masse. Los geht es schon ein paar Stunden vor Sonnenaufgang, eigentlich 24 Stunden lang, beste Besuchszeit ist vormittags oder abends. Den Morgenkaffee und frisch frittierte Krapfen gibt es am Fluss in Bordsteinkneipen. *Maharaj Road | nahe Memorial Bridge | Expressboot Tha Rachini | Rattanakosin | c5*

INSIDER-TIPP
Selfie-Alarm! Bunt, bunter …

26 PATPONG NIGHT BAZAAR

Beliebter touristischer Nachtmarkt mitten in der Go-go-Barmeile Patpong *(s. S. 96, 45)*. Mit den üblichen Souvenirs, nur ein bisschen teurer. Wer allerdings nachgemachte Handtaschen sucht, findet hier das größte Angebot der ganzen Stadt. *Silom Road, Soi Patpong 1 | Skytrain Sala Daeng, U-Bahn Silom | Silom | H7*

27 PHRATUNAM MARKET

Die Textilien sind in diesem Budenlabyrinth nicht ganz so billig wie auf dem Bo Bae Market, aber immer noch waschechte Schnäppchen und in der Regel von besserer Qualität. Auch die Auswahl ist größer. Nicht ohne Grund stocken hier Großhändler aus der ganzen Welt ihr Inventar auf. *Ratchaphrarop Road, beim Baiyoke Sky Hotel | Saen-Saep-Klongboot Tha Pratunam | Sukhumvit | J3*

28 SIAM SQUARE
Der Treffpunkt der Fashionistas ist kein Markt im klassischen Sinne. Ein Gewirr aus schmalen Gassen mit kleinen Geschäften, die mit individueller, kreativer Mode vollgestopft sind. Viele junge Designer bieten ihre Kreationen zu günstigen Preisen an. *Rama I Road | Skytrain Siam | Sukhumvit | H4*

29 BO BAE MARKET
Auf dem Bo Bae Market kaufen Straßenhändler ein. Verkauft wird meist im Dutzend, aber wenn du nachfragst, rücken viele Händler auch Einzelstücke raus. Ganz ähnlich ist es im *Indra Square (Ratchaprarop Road | Skytrain Phaya Thai, dann 5 Min. mit dem Taxi). Krung Kasem Road | Saen-Saep-Klongboot Talad Bobae; Skytrain National Stadium, dann 10 Min. mit dem Taxi | Sukhumvit | F3*

MASSGESCHNEIDERTES
Ein paar Faustregeln: Lass dir deinen Anzug oder dein Kleid nicht erst kurz vor der Heimreise schneidern. Vereinbare mindestens zwei Anproben und lass abändern, was dir nicht gefällt. Begleiche niemals die Rechnung im Voraus, sondern leiste nur eine Anzahlung (ca. die Hälfte). Vorsicht bei Schneidern, die Schlepper auf die Straße schicken und für sehr wenig Geld sehr viel versprechen.

30 ART'S TAILOR
Seit Jahrzehnten im Geschäft und immer noch beliebt ist dieser seriöse, etwas teurere Damen- und Herrenschneider. *991 Rama I Road | Siam Paragon, 1. Stock | Skytrain Siam (direkter Zugang) | Siam Square | H4*

31 NICKERMANN'S
Der Name klingt nach einem Scherz, aber dieser Schneider gilt als topseriös bei in Bangkok lebenden Ausländern. *Landmark Hotel | 138 Sukhumvit Road | Facebook: Nickermanns | Skytrain Nana | Sukhumvit | L5*

32 PINKY TAILOR
Schon seit 1980 im Geschäft, mit zahlreichen Stammkunden und bestem Renommee. Der Herrenschneider offeriert eine enorme Auswahl an Stoffen, viele davon aus Italien importiert. *884/40 Mahatun Plaza Arcade, Ploenchit Road | hinter der eigentlichen Plaza | pinkytailor.com | Skytrain Ploen Chit | Sukhumvit | K5*

MÖBEL
Viele Geschäfte organisieren den Transport per Seefracht. Gerade handgearbeitete Möbel sind trotz der Frachtkosten billiger als zu Hause.

33 CORNER 43 DECOR
Erlesenes Mobiliar, klassisch bis minimalistisch, von jungen, preisgekrönten Designern. Auch filigran geflochtene Rattanmöbel. *25 Sukhumvit Road, Soi 53 | corner43.com | Skytrain Thong Lo | Sukhumvit | O*

34 GOLD BELL
Tischlert Möbel aus Teak und Rosenholz, auch Anfertigung nach Maß. *720/15–17 Sukhumvit Road, zwischen Soi 28*

und 30 | goldbell-furniture.com | Skytrain Thong Lo | *Sukhumvit* | *0*

35 PAYA SHOP

Ein Möbelladen mit tollen, handgewebten Textilien (Kissen, Decken, Läufer) und Kunsthandwerk. Viele traditionelle Läden und Firmen mussten leider in der Pandemie schließen, aber hier findest du sie noch: Keramik und Lackwaren, hölzerne Elefantenskulpturen und Körbe, alles handgemacht, teils aus Myanmar. *203 Sukhumvit Road Soi 55, Soi Thong Lo 10 | payashop.net | Skytrain Thong Lo* | *Sukhumvit* | *0*

SEIDE

Original-Thai-Seide ist handgewebt und deshalb mit feinen Knötchen durchsetzt. *„100 % pure thai silk"* wird dir an jeder Ecke in Bangkok angeboten, aber für ein paar Baht wirst du nur synthetisches oder gemischtes Material bekommen. Kauf im Zweifelsfall besser in Fachgeschäften, die sich in der Silom, der Surawong und der Sukhumvit Road konzentrieren.

36 JIM THOMPSON

Der wohl beste Seidenproduzent im Land bietet eine breite Farbpalette und qualitativ hochwertige Stoffe und Kleidungsstücke zu gehobenen Preisen. Die sind natürlich am höchsten in seinem ehemaligen (Museums-) Wohnsitz nahe der Rama I. Road *(s. S. 48)*. Filialen gibt es u. a. in den Hotels Mandarin Oriental, Anantara Siam, Shangri-La und in den Shoppingcentern Siam Paragon, Emporium, Central World. Hauptfiliale: *9 Surawong Road | jimthompson.com | U-Bahn Silom; Skytrain Sala Daeng* | *Sukhumvit* | *H6–7*

Du liebst Seide? Dann nichts wie hin zu Jim Thompson, der Topadresse für den edlen Stoff

AUSGEHEN & FEIERN

Bangkoks Nachtleben ist berühmt. Berüchtigt auch. Schummrige Nachtclubs und Massagesalons, Go-go-Girls und die Rotlichtmeile von Patpong haben der Stadt einen zweifelhaften Ruf beschert. Doch neben diesen Etablissements blüht eine bunte Ausgehkultur mit Clubs, Bars und Szenelokalen – sogar mit jährlichem Oktoberfest – wie es sich für eine Weltstadt gehört.

In den vergangenen Jahren sind trendige, kreativ gestaltete Bars und Clubs wie Pilze aus dem Boden geschossen. Aktuelle Events findest du auf *siam2nite.com*, eine Übersicht bietet *bangkok.com/*

Alle Adressen in diesem Kapitel findest du auf der Faltkarte

Feiern bis zum Abwinken in der Royal City Avenue

nightlife. In vielen Diskotheken verlangt man eine *cover charge* (Eintrittspreis, meist sind ein bis zwei Drinks inklusive). Außerhalb der Khao San Road kommen Shorts und Flip-Flops beim Ausgehen nicht sonderlich gut an. In teureren Etablissements sollte es schon ein Hemd sein. Mach dich nicht zu spät auf den Weg: Um 2 Uhr ist in den Barvierteln Sperrstunde, außerhalb davon sogar schon um 1 Uhr. Ausnahmen, ja richtig, bestätigen die Regel … Happy Hour: Die „glückliche Stunde" mit 50-Prozent-Rabatt dauert in den meisten Bars von ca. 17 bis 20 Uhr.

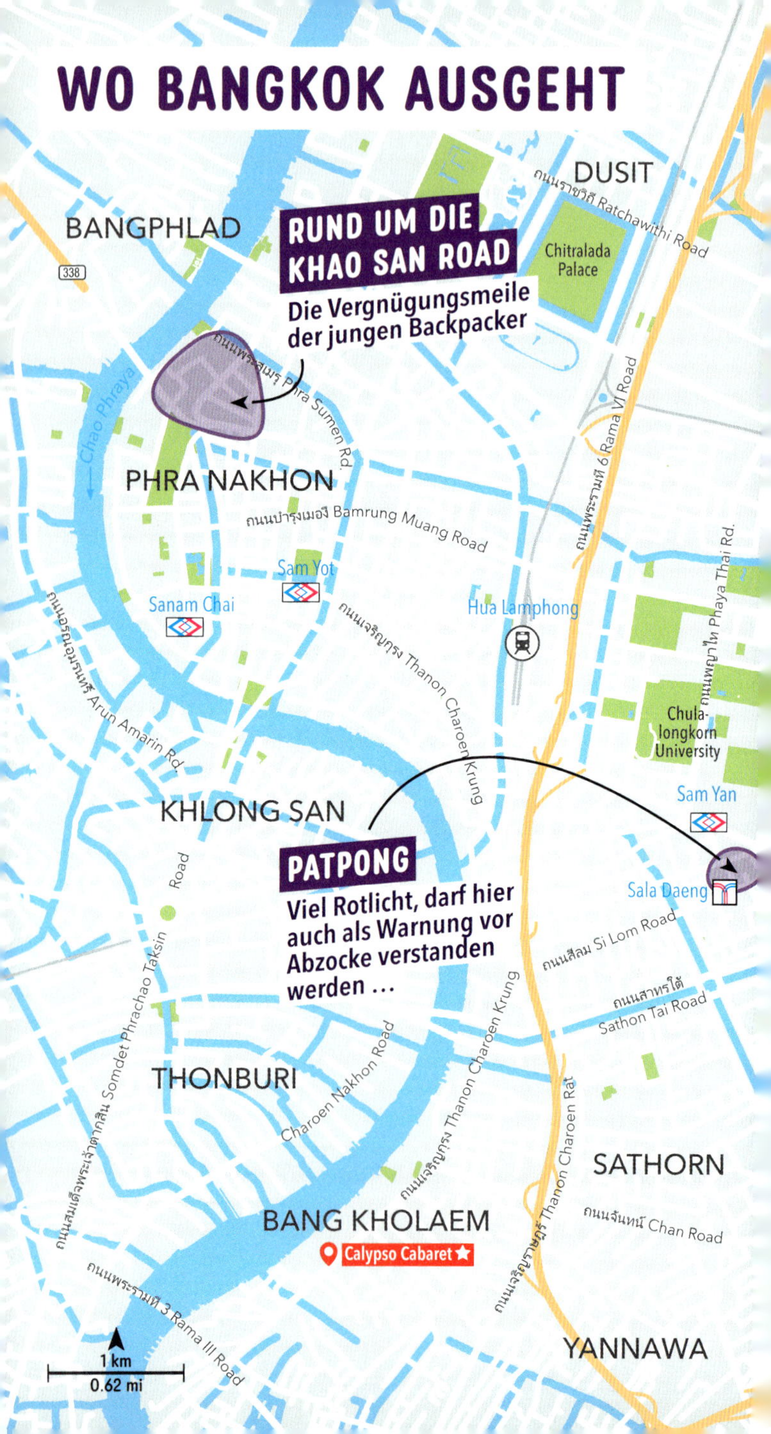
WO BANGKOK AUSGEHT
RUND UM DIE KHAO SAN ROAD
Die Vergnügungsmeile der jungen Backpacker
PATPONG
Viel Rotlicht, darf hier auch als Warnung vor Abzocke verstanden werden …
DUSIT
BANGPHLAD
338
Ratchawithi Road
Chitralada Palace
Phra Sumen Rd.
Chao Phraya
Rama VI Road
PHRA NAKHON
Bamrung Muang Road
Sam Yot
Sanam Chai
Hua Lamphong
Phaya Thai Rd.
Thanon Charoen Krung
Arun Amarin Rd.
Chula-longkorn University
KHLONG SAN
Sam Yan
Sala Daeng
Somdet Phrachao Taksin Road
Si Lom Road
Sathon Tai Road
THONBURI
Charoen Nakhon Road
Thanon Charoen Krung
Thanon Charoen Rat
SATHORN
BANG KHOLAEM
Calypso Cabaret
Chan Road
Rama III Road
YANNAWA
1 km
0.62 mi

MARCO POLO HIGHLIGHTS

★ **THE LOCKER ROOM**
Eine wahrlich magische Bar mit Stil
➤ S. 100

★ **CALYPSO CABARET**
Aufwendig inszenierte, temporeiche Travestieshow ➤ S. 102

★ **SAXOPHONE PUB & RESTAURANT**
Der Klassiker mit der besten Livemusik
➤ S. 101

★ **ROUTE 66**
In der Riesendisko feiern wie die Thais. Feste Größe im Nachtleben der Stadt
➤ S. 103

WOHIN ZUERST?

Angesagte Clubs und Bars liegen über das Stadtgebiet Bangkoks verteilt, geballt finden sie sich auf der **Sukhumvit Soi 11**, der **Royal City Avenue**, in der **Soi Thong Lo** sowie in **Ekkamai** *(Sukhumvit Road, Soi 63)*. Wer beim Barhopping keine weiten Wege in Kauf nehmen möchte, sollte neben der Soi 11 das Travellerviertel **Banglamphoo** erkunden. In der **Khao San Road** und ihren Seitengassen ist die nächste Bar immer nur ein paar Schritte entfernt. Rotlichtviertel konzentrieren sich auf **Patpong**, **Nana Plaza** sowie **Soi Cowboy**.

AMÜSIERVIERTEL

1 KHAO SAN ROAD

Hier ist jeden Abend Partytime. Schüchterne Asienneulinge, die ob des Trubels große Augen machen, junge, trink- und feierwütige Backpacker mit Cocktail-Eimer in der Hand, gut gelaunte einheimische Studenten und kichernde Neugierige, die einfach mal sehen wollen, wie die *farang*, die Langnasen, so feiern – auf der stets laut dröhnenden Khao San Road treffen sie alle aufeinander. Die Bars auf der Rummelmeile sind meist günstig und einige punkten mit guten Livebands. *Chao-Phraya-Expressboot Tha Phra Athit | Banglamphoo |* *🕮 c2*

2 NANA PLAZA

Eine Go-go-Bar neben der anderen auf drei Stockwerken um einen Innenhof. Im Freien quetschen sich Bierbars aneinander. Die Gäste sind zwar fast durchweg ausländische Besucher, aber dennoch ist es hier nicht so touristisch wie in der Patpong. Von Neppschuppen hat man hier noch nichts gehört. *Sukhumvit Road, Soi 4 Nana | Skytrain Nana | Sukumvhit |* *🕮 L5*

3 PATPONG

In der Patpong, Bangkoks bekanntester Barmeile, gibt es inzwischen mehr Souvenirbuden als Go-go-Bars. Es wimmelt zwar von Touristen in Badelatschen, aber einmal solltest du dich unbedingt durchkämpfen. Das gehört zu einem Bangkok-Besuch dazu. Lass dich nicht von Schleppern in die oberen Stockwerke lotsen. Korrekt geführte Etablissements (wie beispielsweise die Bars der King's Group) begnügen sich mit Türstehern. In den Clubs der Patpong-Parallelstraße *Soi 2 (Thaniya)* sind die Japaner unter sich. In den trendigen Bars der schmalen *Soi 4* treffen sich viele gestylte Gays, aber auch Frauen und Heteros sind hier überall willkommen. *Zwischen Silom und Surawong Road | Skytrain Sala Daeng; U-Bahn Silom | Silom |* *🕮 H7*

4 PHRA ATHIT ROAD

Hier findest du viele Kneipen mit Livemusik, Cafés und Restaurants in Gebäuden, die teilweise schon mehr als 100 Jahre alt sind. Die Khao San Road ist nur einen Coffee to go weit entfernt, aber in die Phra Athit Road strömen abends auch viele einheimische Studenten der nahen Thammasat-Universität. Es herrscht eine sehr

Seitenstraße Soi Cowboy: Bier- und Go-go-Bars ohne Schlepper und Abzocke

relaxte, angenehme Atmosphäre. Studenten eben ... *Chao-Phraya-Expressboot Tha Phra Athit* | *Banglamphoo* | *b1–2*

5 ROYAL CITY AVENUE

Die Open-Air-Kneipen und Clubs hier werden mehrheitlich von jungen Thais unter 30 bevölkert, vereinzelt kommen auch Expats und Touristen. Man macht es sich in den Kneipen mit einem Beer-Tower zur Livemusik bequem oder bestellt in den großen Clubs eine Flasche Whisky und teilt sie mit seinen Freunden. Das A und O ist, sich einen Tisch zu sichern, gerade am Wochenende sollte man schon früh kommen. *Royal City Av., parallel zur New Phetchaburi Road* | *U-Bahn Phetchaburi, dann 10 Min. Taxifahrt* | *Ratchadaphisek* | *0*

6 SOI COWBOY

Das Disney-Land unter den Rotlichtmeilen blendet Besucher mit riesigen Neonreklamen. In der Seitenstraße mit ihren zwei Dutzend Bier- und Go-go-Bars gibt es weder Schlepper noch überhöhte Rechnungen oder Remmidemmi. *Sukhumvit Road, Verbindung zwischen Soi 21 und Soi 23* | *Skytrain Asok; U-Bahn Sukhumvit* | *Sukumvhit* | *M5*

7 SOI THONG LO (SUKHUMVIT SOI 55)

Sehen und Gesehenwerden auf Thailändisch: Nirgendwo in Thailand ist die Dichte an Ferraris und Porsches höher als auf der Sukhumvit Soi 55. Die Ausgehmeile der einheimischen Oberschicht lockt ihre Besucher vor allem in den Querstraßen Thong Lo

Soi 10 und Soi 17 mit exzellenten Restaurants, hochpreisigen Bars und perfekt durchgestylten Clubs. Manche Clubs wie das geheimnisvoll chinesisch angehauchte *Sing Sing Theater* sind mehr Happening als reiner Nachtclub. *Sukhumvit Road, Soi 55 Thonglo | Skytrain Thong Lo | Sukumvhit | 🕮 0*

INSIDER-TIPP
Ins mystische Sing Sing – und staunen!

8 SUKHUMVIT SOI 11

An dieser Seitenstraße der Sukhumvit Road befindet sich nicht nur einer der angesagtesten Clubs der Stadt *(Levels)*. Schicke Treffs, Rooftop-Bars und Restaurants der gehobeneren Klasse reihen sich aneinander, und abends fahren Oldtimer-VW-Busse vor, die als rollende Cocktailbars auf Nachtschwärmer warten. Und: Salsa tanzen kann man hier auch, im *Havana Social. Sukhumvit Road, Soi 11 | Skytrain Nana | Sukumvhit | 🕮 M4–5*

BARS & CLUBS

9 BAMBOO BAR

1946 eröffnet, ist die Bar fast eine Institution, ganz wie das Hotel Mandarin Oriental selbst. Nostalgiker fühlen sich bei Livejazz *(tgl. ab 21 Uhr)* und einem *Thaijito*-Cocktail (mit heimischem Mekong-Whisky) in die Zeit zurückversetzt, als Schriftsteller wie Somerset Maugham hier abstiegen. Deckenventilatoren sowie Sessel mit (imitierten) Leopardenfellen sorgen zudem für ein gewisses Afrika-Feeling. *So–Do 11–1 Uhr, Fr/Sa 11–2 Uhr | Mandarin Oriental | 48 Oriental Av. | Tel. 0 26 59 90 00 | mandarinoriental.com | Skytrain Saphan Taksin | Silom | 🕮 E7*

10 BARSU

Auch altes Eisen rostet nicht: Rock und Pop der 1970er und 1980er sowie guter alter Jazz zieht ein gediegeneres Publikum auf die Tanzfläche im Sheraton Grande. Hip-Hop, EDM und Electro sind hingegen verpönt. Nebenbei: Das Essen ist gut! *Mo–Sa 17.30–1 Uhr | 250 Sukhumvit Road | Facebook: BARSUSheraton | Skytrain Asok | Sukumvhit | 🕮 M5*

11 BRICK BAR

Der angesagteste Platz für Bob-Marley-Fans. Jeden Abend spielen drei Livebands Ska und Reggae. Obwohl mitten im Backpackerviertel Banglamphoo gelegen und in einer der bekanntesten Travellerherbergen, zieht das Brick auch viele Thais an. Damit es allseits ordentlich und friedlich im Club auf der Partymeile zugeht, muss sich jeder beim Eintritt ausweisen können. *Tgl. 19–1.30 Uhr | Buddy Lodge | 265 Khao San Road | brickbarkhaosan.com | Chao-Phraya-Expressboot Tha Phra Athit | Banglamphoo | 🕮 c2*

12 BROWN SUGAR

Eine Institution für alle Jazzfreunde. Jeden Abend finden hier ab 20 Uhr wirklich gute Livesessions statt. Viele Einheimische und in Bangkok lebende Westler kommen hierher, aber vergleichsweise wenig Touristen, dabei ist die Soi Nana (in Chinatown) total angesagt mit lauter orientalisch angehauchten Bars. *So–Do 20–23, Fr/Sa*

Stets eine leichte Brise und Aussicht vom Feinsten bietet das Hi-So

20–2 Uhr | Soi Nana (in Chinatown, nicht die in Sukhumvit!), Bez. Pom Prap Sattru | Facebook: brownsugar bangkok | U-Bahn Wat Mangkon und Hua Lamphong | Chinatown | E5

13 HI-SO

Dress to impress! Im 29. Stock des Sofitel lässt es sich aushalten: immer eine leichte Brise, ein Cocktail mit Aussicht direkt über dem Lumphini-Park, endlich mal keine völlig überzogenen Preise. Und wenn es doch mal zu voll wird, einfach einen Stock höher ziehen ... *Tgl. ab 17 Uhr | Sofitel Hotel | 2 North Sathorn Road | Tso-bangkok.com | U-Bahn Lumphini | Lumphini Park | K7*

14 THE IRON FAIRIES

Die Bar gehört zu den angesagten Hidden Bars, die sich quasi verstecken und immer geheimnisvoll geben. Das Rätselraten und Suchen gehört zum Fun dazu! Im spärlich ausgeleuchteten Inneren werden bei Kerzenschein Burger, Steaks, Austern und hochwertige Cocktails serviert – wie wär's mit einem Absinth mit Hibiskus? Das leicht versnobte Personal würde auch gut nach Berlin-Mitte passen. Alles ein bisschen verstaubt und spooky, zu späterer Stunde treten noch ein versierter Magier und gute (Jazz-)Livebands auf. Auch hier gilt ein Dresscode, d. h. Flip-Flops müssen draußen bleiben! *Tgl. 17–2 Uhr | 53, 1–2 Soi Sukhumvit 39 | (versteckt im Opera Complex) | Facebook: ironfairiesbkk | Skytrain Prompong | Sukhumvit | 0*

15 JAM

Trendige Art-Cafés gibt es immer mehr in Bangkok. Als Künstlertreffpunkt hat sich auch das winzige Jam einen Namen gemacht: eine angesagte Kombination aus Kunstgalerie, Café, Bar und Restaurant mit Ausstellungen, Kultfilmvorführungen und sympathischen Gastgebern. *Di–So 18–24 Uhr | 41 Charoen Rat, Soi 1 | Facebook: JAM CAFEBKK | Skytrain Surasak | Silom | F8*

16 THE LOCKER ROOM ★

Das Barmotto heißt: „Find the Locker Room" – gar nicht so einfach.

INSIDER-TIPP
Hidden Bars – Spürnasen aufgepasst!

Wer in die trendigen, meist teuren Hidden Bars in Thong Lo möchte, muss ein wenig um die Ecke denken – und den Eingang finden! Wir verraten nichts, das musste die Autorin schwören, es handelt sich schließlich um eine Mundpropaganda-Bar. Nur ein Tipp: Nicht von Fake-Türen in die Irre führen lassen. Drinnen herrscht eine etwas düstere Atmosphäre, die Drinks sind dafür umso poppiger: kreativ allemal. Ein weiteres verstecktes Etablissement ist übrigens das *Rabbit Hole* nur wenige Schritte entfernt. *Tgl. 18–2 Uhr | 406 Sukhumvit Road Soi 55 (Schlaucheingang kurz vor der Querstraße Thong Lo Soi 14) | Mobiltel. 09 57 02 23 46 | Skytrain Thong Lo und zu Fuß weiter oder 5 Minuten mit dem Taxi/Bus | Sukhumvit | 0*

17 RED SKY

Es schimmert ein riesiger Leuchtbogen über der Rooftopbar – und der passt perfekt zum Cocktail bei Abendrot. Hier sind Romantiker dem Himmel schon sehr nahe. Und all die irdischen Nichtigkeiten erscheinen beim Blick 200 m nach unten ziemlich klein. *Tgl. 18–1 Uhr | Centara Grand Hotel | 999/99 Ratchadamri Road, über dem Shoppingcenter Central World | www.centarahotelsresorts.com | Skytrain Chit Lom | Siam Square | J4*

Luft nach oben und dazu Rundumblick zum Cocktail: Red Sky Rooftopbar

18 THE ROCK PUB

Der Eingang sieht aus wie die Pforte zu einer Raubritterburg. Drinnen im Pub hard-rockt Bangkok laut und live auf der nach oben offenen Dezibelskala, viele Cover-Bands. Wer das Haar lang und selbst in den Tropen Lederjacke trägt, findet keinen besseren Platz, um die Qualität seiner Ohrstöpsel zu testen. Wenn Thailands Gitarrenlegende Lam Morrison hier regelmäßig in die Saiten greift, dann brennt die Luft. *Tgl. 19.30–1.30 Uhr | Hollywood Street Building | 93/26–28 Phaya Thai Road, Soi Lang Suan | Facebook: therockpub | Skytrain Ratchathewi | Siam Square | 🕮 H3*

19 SAXOPHONE PUB & RESTAURANT ★

Das urige Pub ist seit über 30 Jahren ein Dauerbrenner im Bangkoker Nightlife: Thai-Küche, Livemusik und Atmosphäre – hier stimmt alles. Selbst die Preise sind im Rahmen. Ab 19.30 Uhr treten allabendlich Bands auf, die alles von Jazz bis Big Band spielen. Tipp: Manchem Taxifahrer sollte man(n) die Richtung der abendlichen Gelüste etwas näher ansagen, sprich: Sax am Victory Monument, sonst fährt er womöglich in die verrufene Sex-Bar-Gegend ... *Tgl. 18–2 Uhr | 3/8 Phaya Thai Road (Victory Monument) | saxophonepub.com | Skytrain Victory Monument | Ratchadaphisek | 🕮 J2*

20 SCARLETT WINE BAR

Du willst einen romantischen Abend zu zweit mit Aussicht über das glitzernde Häusermeer verbringen? Dann seid ihr im Barrestaurant des Pullman G Hotels richtig. Im 37. Stock wartet eine erstklassige Weinauswahl im Toprestaurant. Der spektakuläre Rundumblick und die dezente Musik sorgen für die richtige Stimmung. *Tgl. 18–1 Uhr | 188 Silom Road | pullmanbangkokhotelg.com | Skytrain Chong Nonsi | Silom | 🕮 G7*

21 TROK SILOM

Hier heißt es: rechtzeitig kommen (vor 18.30 Uhr), vier Etagen zu Fuß schaffen und sich dann ein Plätzchen gleich an der Bühne sichern! In der nicht ausgeschilderten Rooftopbar direkt oberhalb der Skytrain-Gleise spielen jeden Abend richtig gute Livebands tapfer gegen die Schienengeräusche an. Viele junge Thais, bodenständig und Spottpreise für Thai-Currys, Bratreis und flüssige Nahrung. *Mo–Sa ab 17 Uhr | 36/38 Narathiwas Road/Ecke Silom*

INSIDER-TIPP
Ein Hauch Subkultur

Road | Facebook: troksilom | Skytrain Chong Nongsi | Silom | G7

22 WONG'S PLACE

Verrückte, verrauchte Bar mit verrückter Geschichte und verrückter Atmosphäre. Das günstige Bier nimmst du dir direkt aus dem Kühlschrank und der robuste Besitzer singt schon mal seinen Gästen ein Ständchen. Viele Expats, besonders zu später Stunde. *Tgl. ab 22 Uhr | 27/3 Soi Sribamphen | U-Bahn Lumphini und 5 Min. mit dem Taxi | Sathorn | K8*

BIERGARTEN

23 GROOVE AT CENTRAL WORLD

Wenn es kühler wird im November und Dezember, ist Biergartensaison in Bangkok. Gleich mehrere Brauereien zapfen dann Gerstensaft auf der Freifläche vor dem Shoppingcenter *Central World*. Auch sonst gibt es das ganze Jahr über Bier und Essen. *Tgl. 10–24 Uhr | Ratchadamri Road | Skytrain Chit Lom | Siam Square | J4*

CABARET

24 CALYPSO CABARET ★

Hereinspaziert – auf endlos langen Beinen: Die hübschesten Showgirls der Stadt laden zu einer rasanten, unterhaltsamen Travestieshow. Die opulente Kostümierung und ausgefeilten Choreografien der *ladyboys* begeistern zwar nicht jeden Besucher (man darf das Ganze nicht zu ernst nehmen), aber die Show läuft immerhin seit 1988. Man sitzt angenehm an Zweiertischen. *Tgl. (Dinner-)Shows 19.30 und 21 Uhr | Eintritt 1200 Baht (bei Onlinebuchung 900 Baht), inkl. Thai-Abendessen 2000 Baht (bei Onlinebuchung 1500 Baht) | Asiatique The Riverfront (Warehouse 3) | 2194 Charoen Krung Road | Tel. 0 26 88 14 15 | calypsocabaret.com | Skytrain Saphan Taksin, dann kostenloses Shuttleboot ab Tha Sathon (Central) zum Asiatique-Riverfront-Nachtmarkt | Sathorn | 0*

DISKOS

25 THE CLUB

Der alte Khao-San-Partyspot wurde aufgemöbelt und zählt nun zu den wenigen echten Diskos der Backpackermeile. Zum Blitzlichtgewitter scheppern elektronische Klänge aus den Boxen. Hier kann man sogar in Flip-Flops, Shorts und Muscle Shirt hemmungslos feiern – inklusive Bodypainting und Full Moon Party. *So–Do 22–2, Fr/Sa 20–2 Uhr | 123 Khao San Road | theclubkhaosan.com | Chao-Phraya-Expressboot Tha Phra Athit | Banglamphoo | c2*

26 LEVELS CLUB & LOUNGE

Viel nackte Haut bei den Go-go-Girls und wirkt wie ein Patpong für Anfänger. Aber kein Wunder, du bist auf der Barmeile Soi 11. Der gigantische Kronleuchter im Hauptraum verheißt Dekadenz, doch die riesige, stets gut besuchte Disko ist auch für Normalsterbliche eine gute Adresse zum Tanzen. Am Wochenende ist am meisten los, vornehmlich (männliche) westliche Besucher, es spielen Bands live. Draußen wartet eine weitere Rooftopbar zum „Abkühlen", wo man sich bei

Cocktails mal in Ruhe unterhalten und chillen kann, im hinteren Bereich gibt es noch einen Dancefloor. Das Soundsystem gilt als eins der besten in der Stadt. *Tgl. 21–2 Uhr | Sukhumvit Road, Soi 11 | 6. Stock des Aloft Hotels | levelsclub.com | Skytrain Nana | Sukumvhit | M4*

27 ROUTE 66 ★

Wo Buddha als DJ auflegt („DJ Buddha"...): Misch dich in diesem riesigen Club unter die jungen Thais, sicher dir einen Tisch im Hauptbereich mit einer Flasche Whisky und Mixer – dann kann der Abend nicht mehr schiefgehen. Auf den Floors läuft Hip-Hop, EDM und Techno, auch angesagte Thai-Rockbands heizen ordentlich ein, etwa Big Ass. Am Wochenende wird es so voll, dass auch der riesige Außenbereich zur Partymeile wird. Themenpartys. *Tgl. 20–3 Uhr | Royal City Av. | route66club.com | U-Bahn Phetchaburi | Ratchadaphisek | 0*

28 ONYX

Der schickste Soundtempel an der Clubbermeile RCA (Royal City Avenue). In drei Räumen tanzen viele hippe Thais zu House, Trance, R & B und Hip-Hop. *Tgl. 20–2 Uhr | Royal City Av., Soi Soonvijai | onyxbangkok.com | U-Bahn Phetchaburi | Ratchadaphisek | 0*

29 SUGAR CLUB

Mitten auf der populären Sukhumvit Soi 11 lockt diese Disko Nachtschwärmer an, die zu Hip-Hop feiern wollen. Ein idealer, wenn auch kleiner Anlaufpunkt zu später Stunde, wenn die anderen Diskos schließen – so übervoll ist es dann meist aber auch. Gute Liveband und akrobatische Tänzer. *Tgl. 21–4 Uhr | 37 Sukhumvit Road, Soi 11 | sugarclub-bangkok.com | Skytrain Nana | Sukumvhit | M5*

Partystimmung ohne Limit bietet die trendige Disko Route 66

THEATER & KONZERTE

30 THAILAND CULTURAL CENTRE

Hier spielt das Bangkok-Sinfonieorchester *(bangkoksymphony.org)*, auch der klassischen Thai-Kultur ist eine Bühne bereitet. Gelegentlich gibt es Opern-, Ballett- und Konzertgastspiele ausländischer Ensembles. *Ratchadaphisek Road | Tel. 02 2470028 | U-Bahn Thailand Cultural Center | Ratchadaphisek | 0*

AKTIV & ENTSPANNT

Morgensport: Yoga im Lumphini Park

SPORT, SPASS & WELLNESS

THAIBOXEN

Muay thai gilt als härteste Kampfsportart der Welt. Erlaubt sind beim Thaiboxen Schläge mit Fäusten und Ellenbogen, Tritte mit den Füßen und Stöße mit den Knien. Thailands Nationalsport ist nicht einfach eine wüste Schlägerei im Ring, sondern eine jahrhundertealte Tradition. Jeder Kampf wird von den Boxern mit ritualisierten Tänzen und Beschwörungen eröffnet. In Bangkok steigen die besten Boxer des Landes in den Ring: im *Rajadamnern Stadium (Mo, Mi, Do, So ab 18.30 Uhr | Eintritt ab 1500, im Touristenblock 2500 Baht | 1 Ratchadamnoen Nok Road | nahe Khao San Road, ca. 15 Min. zu Fuß | rajadamnern.com)* und im *New Lumpinee Boxing Stadium (Di, Fr ab 18.30, Sa 16 und 21 Uhr | Eintritt regulär ab 500 (oft ausgebucht), im Touristenblock 1500–2000 Baht | Ram Inthra Road | im Norden der Stadt nahe Don Mueang Airport | lumpineemuaythai.com).* Kostenlos sind die Kämpfe vor dem *Mah Boon Krong Center (Okt.–Feb. ab 18 Uhr).*

RADTOUREN

Rauf aufs Mountainbike und raus ins Grüne! Am Stadtrand sieht Bangkok stellenweise noch fast so wie vor 100 Jahren aus. Beim Bangkok-Rad-Pionier André Breuer *(Halbtagestour ab 950 Baht | Rama 3 Road, Yannawa | Tel. 0 21 07 25 00 | bangkokbiking.com)* geht es auf einer abwechslungsreichen Tour von Bangkoks Hauptschlagadern über den Fluss in den Park *Phra Padaeng (Sri Nakhon Khuean Khan Park and Botanical Garden, 1390 Baht)* – die grüne Lunge der Metropole, außerdem Touren im Umland von Bangkok. Auch bei *Grasshopper Adventures (Tagestour ca. 2400 Baht | 57 Ratchadamnoen Klang Road | nahe Khao San Road | Tel. 0 22 80 08 32 | grasshopper adventures.com)* kannst du ähnliche

Harte Jungs: Boxvorführung im Suan Sampran

Touren finden. Mindestens einen Tag im Voraus buchen!

WELLNESS

Das *Health Land (tgl. 9–24 Uhr | u.a. an der Sathorn Nua Road, Skytrain Saint Louis und Chong Nonsi sowie an der Sukhumvit Road, Soi 21, Skytrain Asok und U-Bahn Sukhumvit | Tel. 0 22 61 11 10 | healthlandspa.com)* bietet gleich mehrere riesige Wellnessoasen an. Das Spa kann sich mit denen der Tophotels messen, ist aber deutlich günstiger. Eine zweistündige traditionelle Thai-Massage kostet nur 1000 Baht. Viel günstiger sind nicht einmal die einfachen Massageläden, die sich an jeder Ecke befinden.

Im *Breeze (tgl. 10–20 Uhr | im Amari Watergate Hotel | 847 Petchburi Road | nahe Phratunam Market | Tel. 0 26 53 90 00 | breeze-spa.com | 10 Min. zu Fuß von Skytrain Ratchathewi)*, dem Spa des Amari Hotels, schwört man auf die Heilkraft von Jade und Rosenquarz. Feinpolierte Jade soll bei Hautpflege, Entgiftung und Entspannung helfen.

SPASS & WISSEN

Auch Bangkoks Museen schicken Besucher mehr und mehr auf interaktive Weise durch die Welt des Wissens. Sich verkleiden im *Museum of Siam*, in den historischen Alltag eintauchen im *Kamthieng House* oder in der *Rattanakosin Exhibition Hall*. Wissensvermittlung muss nicht trocken sein. Im *Children's Discovery Museum (Di–So 10–16 Uhr | Eintritt frei | Soi 4 Kamphaeng Phet Road, Queen Sirikit-Chatuchak Park | Tel. 0 22 72 45 00 | short.travel/ban15 | U-Bahn Chatuchak; Skytrain Mo Chit)* können Kids spielend lernen, wie die Natur so arbeitet. Und der Spaß gibt's auch, etwa beim Dinosaurier-Skelette ausbuddeln, in der Riesenseifenblase oder im Spiegeltunnel. Badesachen mitnehmen.

FESTE & EVENTS

Viele Feste in Thailand richten sich nach dem Mondkalender und ändern sich deshalb jährlich.

JANUAR/FEBRUAR

Chinesisches Neujahrsfest: Das wichtigste Jahresfest der Chinesen wird auch in Bangkoks Chinatown ausgiebig gefeiert. Überall krachen Feuerwerkskörper, und es tanzen Drachen und Löwen, überall sind Verkaufsstände und Garküchen. Zentrum der Festivitäten ist die Yaowarat Road.

FEBRUAR

Makha Bucha: Anlässlich einer Predigt von Buddha umrunden die Teilnehmer Tempel und halten dabei brennende Kerzen in den Händen. Die eindrucksvollste Zeremonie erlebst du nach Sonnenuntergang im *Wat Benjamabophit (Marmortempel)*.

INSIDER-TIPP
Eintauchen in Buddhas Welt

APRIL

Chakri-Tag: Der Gründungstag der königlichen Dynastie wird am 6. April mit einer zentralen Feier im Tempel *Wat Phra Kaeo* des Grand Palace begangen. Nur an diesem Tag kann das königliche Pantheon mit den Statuen aller Könige besichtigt werden.

★ **Songkran:** Kein Fest wird so ausgelassen gefeiert wie das mehrtägige thailändische Neujahrsfest vom 13. bis 15. April (in der nordthailändischen Metropole Chiang Mai bis 16. April). Alle bespritzen und überschütten sich dann mit Wasser. Handy und Kamera also besser wasserfest verpacken! In Bangkok wird besonders heftig in den Barstraßen *Patpong* und *Soi Cowboy* sowie im Treffpunkt der Rucksackreisenden, der *Khao San Road*, gefeiert.

MAI

Visakha Bucha: Am ersten Vollmondtag im sechsten Mondmonat begehen

Nasses Spektakel: Songkran

gläubige Thais den höchsten buddhistischen Feiertag. Die Kerzenprozessionen am *Sanam Luang,* Zentrum der Feierlichkeiten, sind auch für Besucher ein schönes Erlebnis. Wichtig: Respekt zeigen und Abstand zu den Mönchen halten. Es herrscht 24 Stunden lang Alkoholverbot.

Königliche Zeremonie des Pflügens: Dieses prächtige Spektakel in der zweiten Maiwoche vor dem *Grand Palace* markiert den Beginn der Reispflanzsaison. Auch ein Vertreter des Königshauses ist immer beim Fest dabei. Es herrscht ein Riesenandrang von Bauern, die aus dem ganzen Land in die Hauptstadt kommen, um die gesäten Reiskörner als Glücksbringer unter die eigene Aussaat zu mischen.

SEPTEMBER/OKTOBER

Vegetarian Festival (Tesagan Gin Jay): Der taoistische Fastenbrauch hat sich zu einem Event entwickelt, bei dem sich an Ständen und Märkten alles um veganes und vegetarisches Essen dreht. In Chinatown.

NOVEMBER

★ **Loi Kratong:** Das bezauberndste Fest des Jahres findet zu Vollmond im November statt. Dann werden Körbchen mit Blumen, Räucherstäbchen und brennenden Kerzen zu Wasser gelassen. Am romantischsten anzuschauen ist die Zeremonie in den alten Königsstädten Sukhothai und Ayutthaya. In Bangkok schwimmen die Schiffchen zu Ehren der Flussgöttin Mae Kong Ka auf dem *Chao Phraya*, auf Kanälen und auf dem See im *Lumphini Park*.

DEZEMBER

★ **Truppenparade:** In prächtigen Uniformen paradieren die Königlichen Garden auf der Royal Plaza vor dem alten Parlamentsgebäude an der Ratchadamnoen Road. In der Regel am 3. Dez.

SCHÖNER SCHLAFEN

HAPPY-HAPPENING-HERBERGE

Setz schon mal einen Haken auf deine Bucketlist! Im hippen *The Standard (155 Zi. | 114 Narathiwas Road | Silom | Tel. 0 20 85 88 88 | standardhotels.com | Skytrain Chong Nongsi | €€€ | 🕮 G7)* gehen Influencer und VIPs ein und aus. Overdressing gibt's hier also nicht. Aber keine Sorge: Auch als normaler Gast fühlt man sich hier wohl, denn das Personal ist auf Zack! Getoppt wird das ganze durch die fantastische Lage.

INSIDER-TIPP Sparen beim Highlight

In den allseits begehrten 78. Stock des King Power Mahanakhon, eines der höchsten Gebäude der Stadt (s. S. 46), dürfen The-Standard-Gäste nämlich gratis!

STILECHT SCHLAFEN

Manche Hotels sind derart legendär, dass selbst das Eröffnungsdatum (1876) im Nebel der Vergangenheit verschollen zu sein scheint. Im *Mandarin Oriental Bangkok (368 Zi., 35 Suiten | 48 Oriental Avenue | Tel. 0 26 59 90 00 | mandarinoriental.com/bangkok | Skytrain Saphan Taksin | €€€ | 🕮 E7)* erlebte sein nach fast 42 Dienstjahren selbst schon legendärer Manager Kurt Wachtveitl (von 1967 bis 2009) unvergessliche Tage. Etwa jenen, als er Elizabeth Taylor, Michael Jackson mitsamt Äffchen und den damaligen Bundespräsidenten Richard von Weizsäcker unterbringen musste – und alle wollten in die Oriental Suite im Author's Wing! Nur zum Atmosphäre schnuppern weilt man beim Afternoon-Tea in der Author's Lounge – vielleicht inspirieren die Geister des Schauspielers Noël Coward und des Autors W. Somerset Maugham den Gast ein kleines bisschen auch literarisch-kreativ. Und sei's nur beim guten alten Postkartenschreiben …

Die Legende lebt: Mandarin Oriental Bangkok

KÜNSTLERISCHE ZEITREISE

Der Innenhof ist einem großen tropischen Garten nachempfunden, die Wände sind geschmückt mit täuschend echten Gemälden, alten Getränkeflaschen, Spielzeugen und Haushaltswaren. Im originell-familiären *Phranakorn-Nornlen Hotel (31 Zi. | 46 Thewet Soi 1/Krung Kasem Road | Tel. 0 26 28 81 88 | phranakorn-nornlen.com | Chao-Phraya-Expressboot Tha Thewet | €–€€ |* 🕮 *d1*), dem künstlerischsten Boutiquehotel Bangkoks, gleicht kein Zimmer dem anderen. Das Beste jedoch: der überaus hilfsbereite und kinderfreundliche Service.

INSIDER-TIPP
Kunstoase mit Familienflair

LOCATION, LOCATION, LOCATION

Wer im *Mode Sathorn (201 Zi. | 144 North Sathorn Road | Silom | Tel. 0 26 23 45 55 | modesathorn.com | Skytrain Surasak | €€–€€€ |* 🕮 *F8)* absteigt, profitiert von der staustrategisch perfekten Lage zwischen Skytrain-Station und Chao-Phraya-Expressbooten. Neben schicken Zimmern locken der Pool und die tolle Bar *The Roof@38* mit 360-Grad-Panorama.

TRENDY: LUXUS IM HOSTEL

Ein „Poshtel" ist ein vornehmes, fast schon luxuriös anmutendes Hostel. So wie das *Printing House Poshtel (15 Zi. | 140 Dinso Road (nahe Wat Suthat) | Tel. 0 22 26 20 03 oder 0 22 26 20 05 | printinghouseposhtelbkk.com | Klong Saen Saep Klongboot Tha Phanfa Leelard | €, DZ €€ |* 🕮 *c3):* ein bisschen Loft, ein bisschen Studentenbude und eine Prise Jugendherberge, aber charmant. Der Clou im Schlafsaal: Hier musst du keine Leiter hochklettern, die oberen Etagenbetten – mit Leselampe, Steckdose und eigenem TV! – sind bequem über eine kleine Treppe zu erreichen.

ERLEBNIS TOUREN

Lust, die einzigartigen Facetten der Stadt zu entdecken? Dann sind die Erlebnistouren genau das Richtige für dich! Ganz einfach wird es mit der MARCO POLO Touren-App: Die Tour über den QR-Code aufs Smartphone laden – und auch offline die perfekte Orientierung haben.

Schiff ahoi: Auf einem Chao-Phraya-Longboat lässt sich Bangkok stilvoll erkunden

Einfach QR-Code scannen und alle Karten & Infos zu unseren Touren auch unterwegs parat haben!

go.marcopolo.de/ban

DIE ERLEBNISTOUREN IM ÜBERBLICK

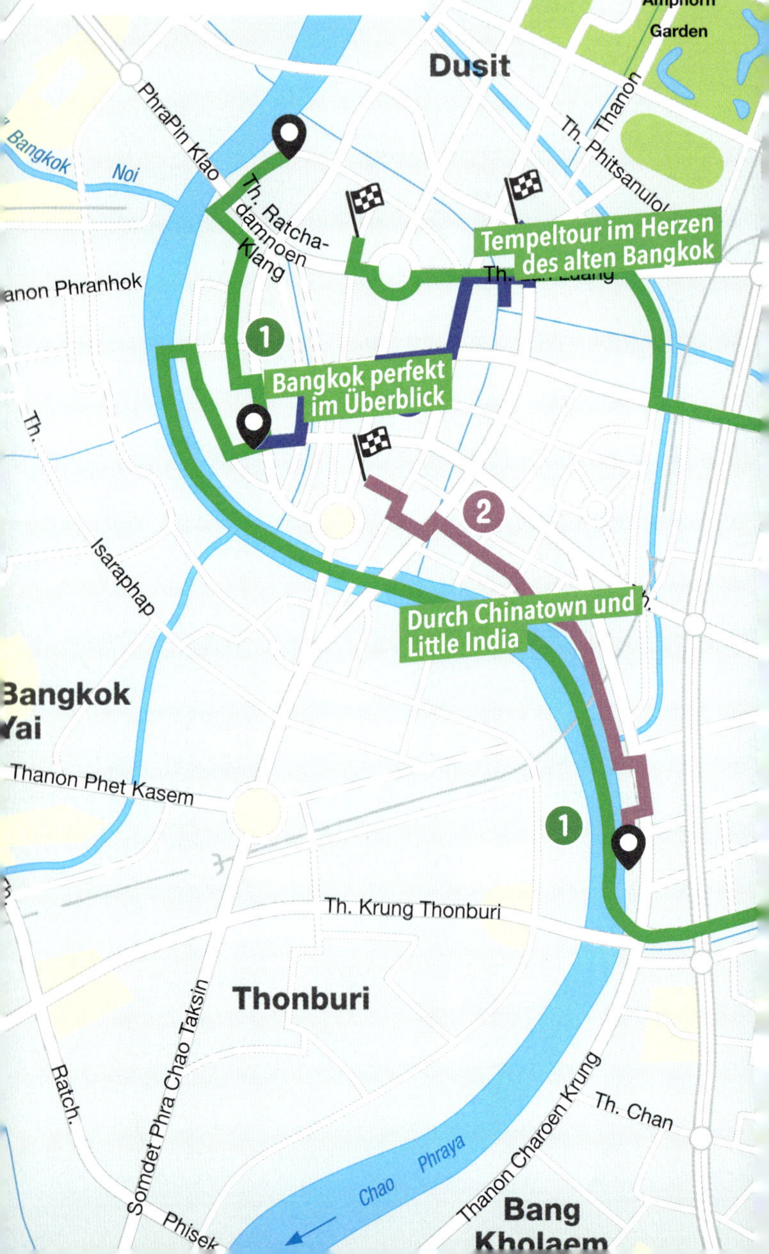

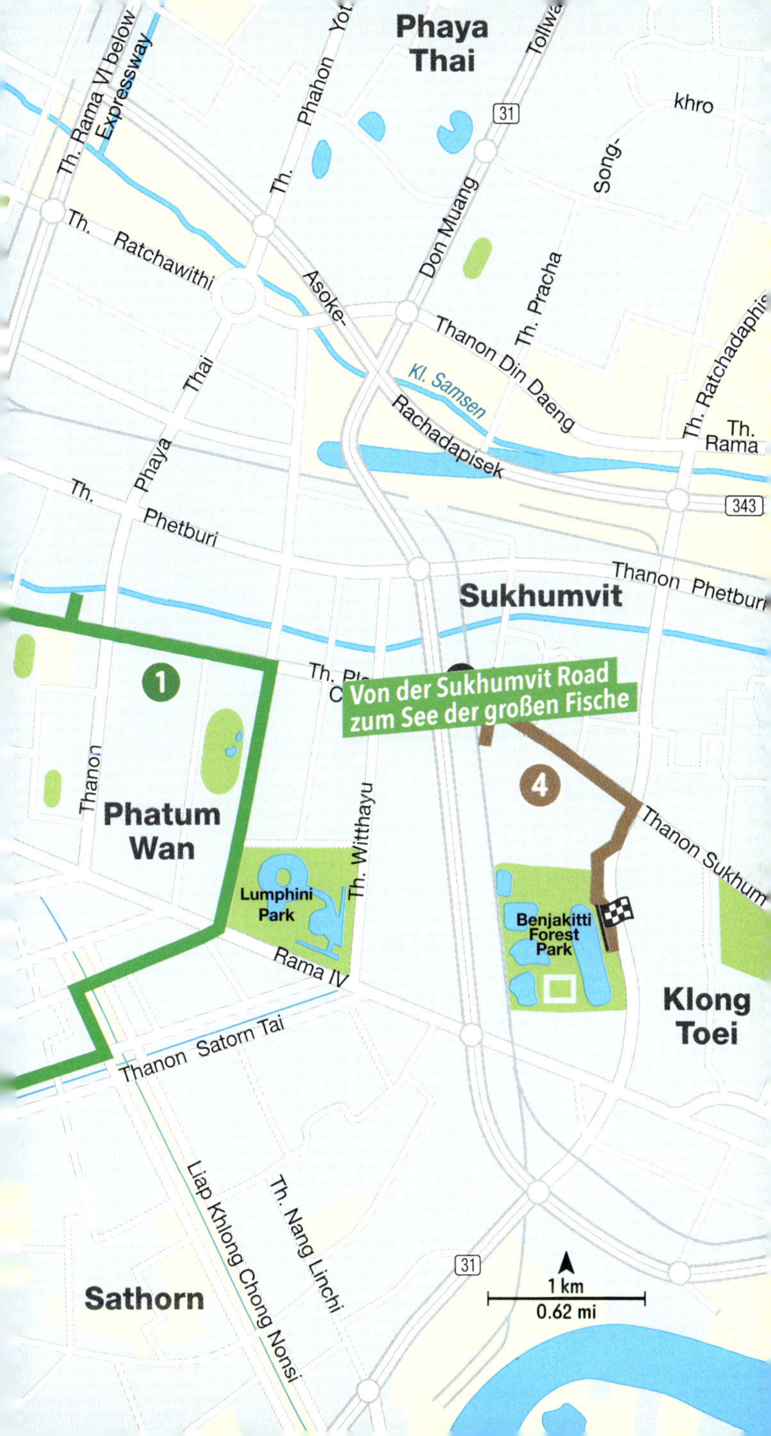

Phaya Thai
Th. Rama VI below Expressway
Th. Phahon Yot
Tollwa
31
khro
Song-
Don Muang
Th. Ratchawithi
Asoke-
Th. Pracha
Thanon Din Daeng
Kl. Samsen
Th. Ratchadaphis
Th. Rama
Rachadapisek
343
Th. Phaya Thai
Th. Phetburi
Thanon Phetburi
Sukhumvit
1
Th. Pl
Von der Sukhumvit Road zum See der großen Fische
4
Thanon
Phatum Wan
Th. Witthayu
Thanon Sukhum
Lumphini Park
Benjakitti Forest Park
Rama IV
Klong Toei
Thanon Satorn Tai
Liap Khlong Chong Nonsi
Th. Nang Linchi
31
1 km
0.62 mi
Sathorn

❶ BANGKOK PERFEKT IM ÜBERBLICK

- Wow! Fernöstliche Pracht im Königspalast und im Wat Phra Kaeo
- Mit dem Longtailboat ins „Venedig des Ostens"
- Bars, Bars, Bars – Bummel durch die Backpackermeile Khao San

Coco Chaophraya

Khao San Road

Gesamtstrecke ca. 36 km inklusive Skytrain und Chao-Phraya-Expressboot, Gehstrecke ca. 8 km

1 Tag, reine Fahr-/Gehzeit 3 Stunden

❸ Grand Palace: keine kurzen Röcke, schulterfreien Blusen, Shorts, Badelatschen; angemessene Verhüllung kann gegenüber der Kasse gekauft werden
Skytrain One Day Pass/Tagesticket: 150 Baht
U-Bahn: Einzeltickets ca. 20–40 Baht
Chao-Phraya-Expressboote: Einzelticket ca. 16–50 Baht (Barzahlung am Pier); Chao-Phraya-Tourist-Boat: One Day River Pass 150 Baht (Hop-on-hop-off)

❶ Coco Chaophraya Coffee Bar & Bistro

FRÜHSTÜCK MIT FLUSSBLICK

Wenn der Tag noch jung ist, kommt er mit einem Frühstück im ❶ Coco Chaophraya Coffee Bar & Bistro *(tgl. 10–23 Uhr | 49/1 Phra Sumen Road | Tel. 0 22 81 99 18 | Facebook: Cocochaophraya | Chao-Phraya-Expressboot Tha Phra Athit | €€)* perfekt in Fluss. Das Terrassenrestaurant ist ein Logenplatz mit Blick auf den Chao Phraya. Wer zeitig kommt, ergattert noch einen Tisch am Wasser.

❷ Sanam Luang

❸ Grand Palace

WO SIND DIE HIGHLIGHTS?

Immer am Fluss entlang folgst du nun der Phra Athit Road und Rachini Road zum ❷ Sanam Luang ➤ S. 35, dem von Tamarindenbäumen gesäumten Platz vor dem Grand Palace. Am Südende des Sanam Luang erhebt sich dann hinter einer weißen Mauer Bangkoks schönstes Schmuckstück, der ❸ Grand Palace ➤ S. 32

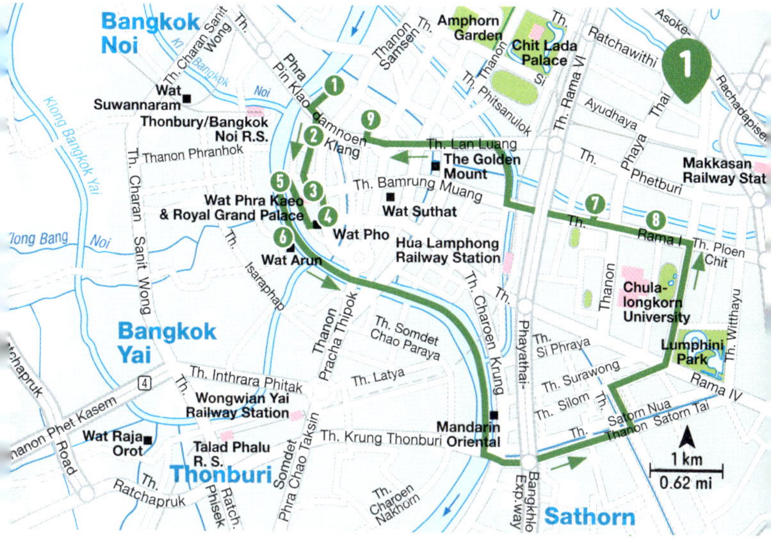

mit dem Königlichen Tempel Wat Phra Kaeo ➤ S. 32. *Noch ein paar Schritte weiter südlich* bezaubert das berühmteste Kloster des Landes, ❹ Wat Pho ➤ S. 33. Wer müde Füße hat, lässt sie im *Massage Treatment Center*, der klostereigenen Massageabteilung, durchwalken.

❹ Wat Pho

AB AUFS WASSER

Nun geht es wieder zurück. *Vorbei am Grand Palace, biegst du gleich danach nach links ab Richtung Fluss.* Dort kannst du dich an den kleinen Garküchen am Pier ❺ Tha Chang mit einem authentischen Thai-Mittagessen stärken. Anschließend geht es mit dem Chao-Phraya-Expressboot (orangefarbene Flagge) oder dem Expressboot für Touristen, dem Chao Phraya Tourist Boat ➤ S. 131, das man an der blauen oder weißblauen Farbe erkennt, auf die andere Flussseite. Dort blinkt bereits weithin sichtbar das Wahrzeichen Bangkoks, ❻ Wat Arun ➤ S. 55, mit seinen Abertausenden Porzellanmosaiken in der Sonne.

❺ Tha Chang

❻ Wat Arun

PER BOOT UND ZU FUSS

Vom Pier am Wat Arun geht es weiter flussabwärts mit dem Touristenboot, das vorbeigleitet an Tempeln,

7 Jim Thompson House

8 Siam Paragon

Kirchen und prächtigen Kolonialvillen. An der Endstation (Sathorn Pier) nimmt dich *der Skytrain zur Station National Stadium* mit. Von hier sind es nur ein paar Minuten *in Fahrtrichtung weiter die Straße Rama I entlang und dann rechts rein in die Soi Kasem San 2* bis zum 7 Jim Thompson House ➤ S. 48 mit einer faszinierenden Sammlung asiatischer Kunstgegenstände und Seide am laufenden Meter.

Erfrischung an der Khao San Road

AUF ZUM SCHLEMMEN

Zurück zum Skytrain und man erreicht in einer knappen Minute Fahrtzeit die Station Siam Central: Hier startest du mitten hinein in Bangkoks Shoppingparadies mit riesigen Konsumtempeln wie dem 8 Siam Paragon ➤ S. 84: Im Sea Life Bangkok Ocean World ➤ S. 84, einem riesigen Aquarium, kannst du in einem gläsernen Tunnel das Haifischbecken durchqueren. Die Food Hall *im Erdgeschoss* ist hingegen ein absolutes Paradies für Feinschmecker. Lass dir Zeit beim Genießen, jetzt ist sowieso Rushhour in der Stadt und nichts geht mehr im Verkehr. Lass am Schluss der Schlemmerei unbedingt noch Platz für eine kunterbunte Kokos-Süßigkeit.

INSIDER-TIPP
Ein khanom krok geht noch

SICH TREIBEN LASSEN

9 Khao San Road

Viel zu gucken gibt's später dann auch noch in Asiens Hauptstraße für Rucksacktouristen, der 9 Khao San Road ➤ S. 96, 38. Auch Taxifahrer kennen die berühmte Travellermeile – und dann heißt es, dort angekommen: abschalten, chillen und genießen bei einem eiskalten Bier mit Blick aufs bunte Treiben.

❷ DURCH CHINATOWN UND LITTLE INDIA

- Überraschend kontrastreiche Welten rund ums Mandarin Oriental
- In den geschäftigen Trubel Chinatowns eintauchen
- Auch in Little India warten tolle Gerüche und Fotomotive

Mandarin Oriental Hotel

Pahurat Road

5 km

5 Stunden, reine Gehzeit 1 ¼ Stunden

Im ❺ River City Shopping Complex findet am 1. Samstag im Monat ab 13.30 Uhr eine Auktion statt *(rcbauctions.com)*.

Bei einer Tour mit den Bangkok Vanguards *(Mobiltel. 08 58 33 92 18 | bangkokvanguards.com)* blickst du hinter die Kulissen der *Shophouses*, entdeckst versteckte Schreine und lernst interessante Bewohner kennen.

TOURSTART IM EUROPÄISCHEN STIL

❶ Mandarin Oriental Hotel

Los geht´s am ❶ Mandarin Oriental Hotel ➤ S. 110, dessen Hauptgebäude im Kolonialstil ein Zeuge der europäischen Vergangenheit Bangkoks ist. Mit dem Fluss im Rücken *schlenderst du die Oriental Lane, eine Seitenstraße (Soi 40) der Charoen Krung Road, hoch.*

DEM HOCHHAUS FOLGEN, BITTE

❷ Muslimviertel

Läuft man nun die Soi 36 geradeaus weiter (immer parallel zum Fluss und der Hauptstraße nach Norden), erscheint bald ein grünes Schild, das zur Haroon-Moschee weist – davor scharf rechts abbiegen! Ein Gassengeflecht durchzieht das kleine ❷ Muslimviertel mit seinen Holzhäusern. Die Gassen sind auf keiner Karte eingezeichnet, aber du kannst dich nicht verlaufen. *Orientierungspunkt ist das Hochhaus der CAT (Communications Authority of Thailand). Wer sich immer schön*

❸ Wat Muang Kae

links hält, kommt entlang von Graffiti automatisch Richtung Fluss und zum ❸ **Wat Muang Kae** *(Soi 34)*. Kaum ein Tourist kennt dieses Kloster, das mit seinen alten Holzgebäuden eine Oase am Wasser ist. Von den hier am klostereigenen Pier angebotenen Bootstouren sei allerdings abgeraten, das geht anderswo preiswerter.

INSIDER-TIPP
Lieber zu Fuß weiter …

AUF DEM WEG INS CHINESISCHE VIERTEL

❹ Harmonique

❺ General Post Office

❻ River City Shopping Complex

Wieder hoch die Soi 34 Richtung Hauptstraße Charoen Krung. Das ❹ **Harmonique** ➤ S. 71, verheißt eine Mittagspause zwischen viel Grün und vielen Antiquitären. *Auf der Charoen Krung geht es dann* zum ehemaligen ❺ **General Post Office**. Es beherbergt heute das *Thailand Creative & Design Center* mit bunten Austellungen *(Di–So 10.30–19 Uhr | tcdc.or.th)*. Das neoklassische Gebäude ist ein tolles Fotomotiv mit den beiden riesigen Garudafiguren am Portal. *Ein Abstecher in die Sois 32 (30 u. 28)* führt zu einigen teils berühmten Graffitis. Wenig später kommst du zum ❻ **River City Shopping Complex** ➤ S. 80, Bangkoks größtem Einkaufszentrum für Antiquitäten und Kunsthandwerk. Hinter dem Zentrum folgst du dem leicht verblichenen gelben *Schild „Walking Street to Chinatown"* und läufst auf den spitzen

Chinatown: Hier wuselt es wie in einem Bienenstock

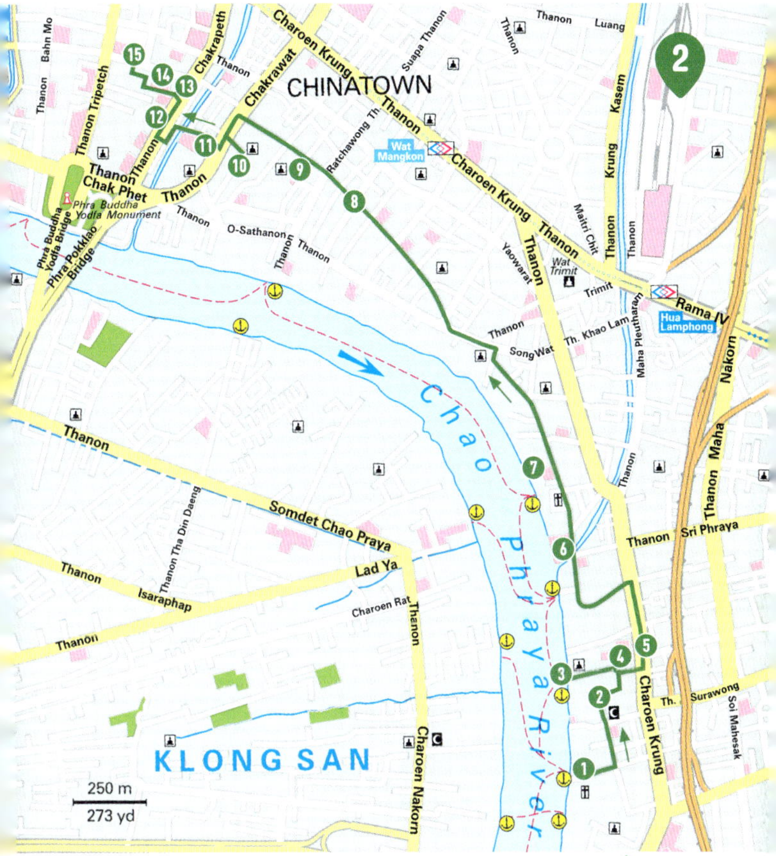

Kirchturm der Holy Rosary Church, die auf Thai *Wat Kalawar* genannt wird, zu. Rings um das **7 Marine Department**, die Hafenmeisterei an der Phanit Charoen, lebt das alte China noch mit seinen typischen Shophouses: Oben wohnen Großfamilien, unten werden Geschäfte gemacht. *Geh immer der Straße nach, in die Soi Phanu Rang Si, und gleich wieder links in die Songwat Road.* Jetzt bist du mitten in **8 Chinatown** ➤ S. 41. Wie die Blechlawine, die sich hier zu Stoßzeiten unendlich langsam um ein schmächtiges Bäumchen in der Mitte einer Verkehrsinsel schiebt, scheint auch die Zeit stehen geblieben zu sein. *Von der Song Sawat Road geht es anschlie-*

7 Marine Department

8 Chinatown

⑨ Sampeng Lane

⑩ Wat Chakrawat

⑪ Soi Bhopit Phimuk

⑫ Pahurat

⑬ Sri Guru Singh Sabha

⑭ Food Paradise

⑮ Pahurat Road

Bend direkt wieder nach links in die ⑨ **Sampeng Lane** ➤ S. 42. Einige hundert Meter weiter wuselt es wie in einem Bienenstock, und genauso brummt das Geschäft in dieser Ladengasse. *Die Chakrawat Road führt nach links Richtung Fluss*, wo man im Kloster ⑩ **Wat Chakrawat** ➤ S. 41 im Schatten Buddhas durchatmen kann.

WILLKOMMEN IN INDIEN

Zurück auf der Chakrawat Road führt auf der anderen Straßenseite die winzige ⑪ **Soi Bhopit Phimuk** – immer dem Duft nach Zimt, Pfeffer und allen erdenklichen Gewürzen folgend – *über die Brücke und den Kanal Ong An zur Chakraphet Road.* Hier riecht es nach Patschuli, Frauen in Saris und turbangekrönte Sikhs erinnern an Bombay. Das Viertel ⑫ **Pahurat** ➤ S. 41 ist das Little India der Hauptstadt, das besonders für seine Textilgeschäfte berühmt ist. *Lass dich durchs Gassengewirr treiben,* vorbei am Wahrzeichen: der zweitgrößte Tempel der Sikhs außerhalb Indiens, ⑬ **Sri Guru Singh Sabha** *(tgl. 9–17 Uhr | Eintritt frei | Eingang im Gässchen neben dem Shoppingcenter India Emporium)* mit seiner goldenen Kuppel an der Chakraphet Road. Nebenan kann man sich im ⑭ **Food Paradise** des **India Emporium Shopping Center** authentische indische Kost schmecken lassen. Zum Abschluss ein Augenschmaus: In der Seitenstraße ⑮ **Pahurat Road** bieten Geschäfte prunkvolle Thai-Tanzkostüme und farbenfrohe Masken an.

An der Pahurat Road sind die Läden auf Stoffe und Kleidung spezialisiert

3 TEMPELTOUR IM HERZEN DES ALTEN BANGKOK

- Dem großen Buddha im Wat Pho die Ehre erweisen und einen Obolus spenden
- Ein Hauch des alten Bangkoks weht durch die Sukhat-Gasse
- Bamrung Muang: bummeln, wo die Mönche shoppen gehen

Wat Pho

Seven Spoons

5 km

5 Stunden, reine Gehzeit 1¼ Stunde

EXKLUSIV-TEMPELBESUCH

Das Tempelkloster ❶ Wat Pho ➤ S. 33 ist eine der Hauptsehenswürdigkeiten und immer gut besucht. Nur wenige Minuten entfernt hast du einen Tempel ganz für dich allein: *Am Ende der Straße Thai Wang immer am Wat Pho vorbei* stößt man auf den Park Suan Saranrom ➤ S. 37. An dessen Nordostseite steht ❷ Wat Ratchapradit mit seinen chinesischen Statuen, exquisit bemalten Eingangstüren und Holzschnitzereien.

❶ Wat Pho

❷ Wat Ratchapradit

EIN BISSCHEN RETRO-FEELING

An der Nordseite des Klosters schwingt sich die ❸ Pi-Kun-Fußgängerbrücke *über einen Kanal zur Atsadang Road* und zum ❹ Wat Ratchabophit ➤ S. 52 rechts an der Straße – allein wegen der Tore mit Perlmuttintarsien und des Türmchens mit Blumenmusterkacheln ist der Tempel sehenswert. *An der Ostseite des Klosters führt die Fuang Nakhon Road vorbei*, eine der ersten drei Straßen, die in Bangkok angelegt wurden. *Hier geht's links entlang und kurz vor der Bamrung Muang Road nach rechts in die* ❺ Soi Sukhat *(*auch *Fuang Nakhon Soi 1):* ein Wohnviertel mit teils verwitterten, teils farbenfrohen Häusern und einigen Tante-Emma-Läden. Hier bekommt man einen guten Eindruck davon, wie Bangkok noch in den 1970er-Jahren aus-

❸ Pi-Kun-Fußgängerbrücke

❹ Wat Ratchabophit

❺ Soi Sukhat

gesehen hat: durchweg Thai-Schriftzeichen, selbst im winzigen Coffee Now. Originell sind auch die Waren, ein Lädchen verkauft Offizieren die Uniform-Schulterstücke, bei der Suppenküchen-Köchin an der Ecke gibt's *khanom chin to go*, scharfe Reisnudelsuppe in der Plastiktüte.

RIESENSCHAUKELN UND STRASSENSCHREINE

6 Wat Suthat

Vom Ende der Soi Sukha siehst du schon 6 **Wat Suthat** ➤ S. 52 in der Ferne. Das Kloster ist berühmt für seine Wandmalereien und eine Buddhastatue aus dem 14. Jh. *Nördlich davon* erhebt sich mitten *in der Bamrung Muang Road* die 7 **Sao Ching Cha** ➤ S. 52, die Riesenschaukel. Hier riskierten bis in die 1930er-Jahre Männer bei Wettkämpfen für ein paar Münzen Kopf und Kragen. *An der nordöstlichen Ecke des Wat Suthat* wird ein Hindugott verehrt: Der mit Blumengirlanden geschmückte Schrein 8 **Vishnu Mandir** steht mitten in der Unakan Road auf dem Mittelstreifen. *Entlang der Bamrung Muang Road* und in den Seitengassen verkaufen viele Geschäfte religiöse Artikel. Vor den Läden stehen oft große, golden glänzende Buddhastatuen – ein gutes Fotomotiv!

7 Sao Ching Cha

8 Vishnu Mandir

EINER VON DREIEN AUF DER GANZEN WELT

Nach einigen Hundert Metern erreichst du die Maha Chai Road. Hier musst du nach links abbiegen, und schon bald siehst du den von chinesischen Baustilen beeinflussten ⑨ Wat Thepthidaram. Die auffälligen Steinskulpturen kamen einst als Schiffsballast aus China. Dieses Kloster ist eine wahre Oase der Ruhe. Bekannter, aber ebenfalls nicht überlaufen ist ein Stückchen weiter ⑩ Wat Ratchanatdaram ➤ S. 53. Seine Hauptattraktion ist der *Loha Prasat*, der Eiserne Palast. Weltweit gibt es nur noch drei erhaltene Tempel in diesem Baustil.

⑨ Wat Thepthidaram

⑩ Wat Ratchanatdaram

AUF DEM GOLDENEN AUSSICHTSHÜGEL

Von Weitem unübersehbar ist der ⑪ Golden Mount ➤ S. 54. Von der Spitze des 79 m hohen, künstlich aufgeschütteten Hügels kann man die Augen weit wandern lassen, über die Altstadt bis hin zu den Wolkenkratzern. Ein kulinarisches Erlebnis hast du dir am Ende der Tour nun wirklich verdient: im ⑫ Seven Spoons ➤ S. 72 serviert man Küche zum Zungeschnalzen. Zu erreichen *ab der Brücke rechts rein in die Lan Luang Road und nach einigen Hundert Metern links in die Chakkrapatipong Road.*

⑪ Golden Mount

⑫ Seven Spoons

④ VON DER SUKHUMVIT ROAD ZUM SEE DER GROSSEN FISCHE

- **Auf einen Pfefferminztee: etwas arabische Atmosphäre schnuppern**
- **Tretboot und Leihräder warten schon – im Benjakitti Park**
- **Garküchen, Bars und Straßenstände**

Start: Bangkok Baking Company

Ziel: Skytrain-Station Nana

Strecke: 5 km

Dauer: 4 Stunden, reine Gehzeit 1 ¼ Stunden

❶ Bangkok Baking Company

❷ Little Arabia

❸ Sharazad Restaurant

IMMER MIT DER RUHE

Bevor es losgeht, erst mal in Ruhe unter Bäumen einen Kaffee und Törtchen genießen und zwar am besten in der ❶ Bangkok Baking Company ➤ S. 64, das Café des JW Marriott Hotel am Beginn der belebten Sukhumvit Road ➤ S. 50. Derart gestärkt *geht es linker Hand die Fußgängerbrücke hoch und unbeschadet über die Sukhumvit Road. Dieser folgst du nach rechts hinauf, dann links in die Soi 3. Kurz vor dem Grace Hotel nimmst du schließlich die schmale Gasse nach rechts:* und du bist angekommen in ❷ Little Arabia. Das arabische Viertel ist tatsächlich klein, aber umso authentischer. Wären da nicht die Tuk-Tuks und das tropische Klima, man könnte sich beim Anblick der vollverschleierten Frauen, Männer in traditionellen langen Kutten und der Schriftzeichen auf der arabischen Halbinsel wähnen. Ein Lokal reiht sich ans andere, im ❸ Sharazad Restaurant *(tgl. 9–22 Uhr | €€)* spielt traditionelle arabische Musik, und wer will, kann nach Pfefferminztee und Lammkebab noch ganz entspannt einen Stock höher eine Shisha rauchen.

INSIDER-TIPP
Ein Shisha-Hauch von Orient

Erholung im Benjakitti Park: Joggen am großen Raja Lake

NACH DEM ROTLICHT-BEZIRK IN DEN GRÜNEN PARK

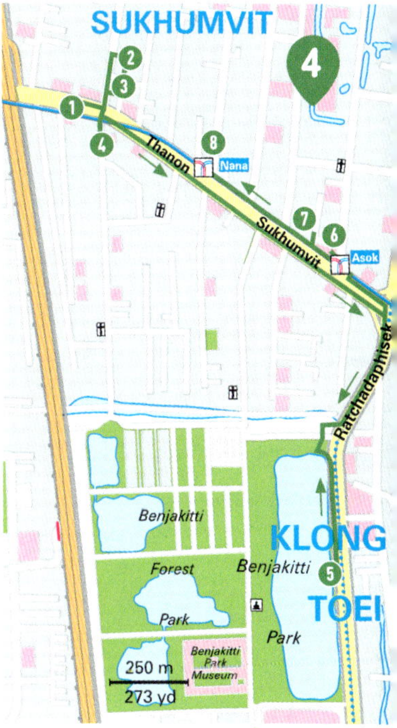

Die Gasse schlägt einen Haken und mündet dann in die Sukhumvit Road. Dort hältst du dich rechts, überquerst die Hauptstraße an der Ampel und biegst in die Soi 4 ein, die allgemein Soi Nana genannt wird. An selbiger liegt die verruchte ④ Nana Plaza ➤ S. 96, eins der drei größten Rotlichtviertel Bangkoks. Danach geht es *die Sukhumvit Road weiter hoch bis zur Kreuzung mit der Skytrain- und U-Bahn-Station Asok/Sukhumvit.* Wenn du *rechts in die Ratchadapisek Road* biegst, öffnet sich nach einigen hundert Metern ein Tor: ⑤ Benjakitti Park ➤ S. 51 ist mit seiner Blütenpracht eine Augenweide und auch abends toll anzuschauen, wenn die Lichter der Skyline in allen Farben im See um die Wette funkeln. Man kann eine Runde Tretboot fahren, mit einem Leihfahrrad um den See radeln und riesige Welse und Wasserschildkröten beobachten.

④ Nana Plaza

⑤ Benjakitti Park

ZUM ABSCHLUSS: SHOPPEN

Zurück an der Asok-Kreuzung gelangt man über die Skytrain-Station in den phantasievollen Shoppingtempel ⑥ Terminal 21 ➤ S. 85 – einer der besten Orte in Bangkok, um sich neu einzukleiden. Einkaufen macht hungrig: Gleich nebenan steht das ⑦ Kaufhaus Robinson, wo im Untergeschoss nicht nur ein bestens sortierter Supermarkt wartet, sondern in den Garküchen des Food Courts *(11–21 Uhr)* auch sehr preiswerte w-Gerichte, etwa gleich vorn am Eingang am zweiten Essensstand Schweinshaxe in Brühe mit Reis und Gemüse. Wer sich zum Tagesende *auf der Sukhumvit Road* ins Getümmel der Straßenstände wagt, sollte nicht vergessen: Handeln ist Pflicht! Tragen musst du deine Einkäufe nicht weit: Die ⑧ Skytrain-Station Nana liegt direkt an der Sukhumvit Road.

⑥ Terminal 21

⑦ Kaufhaus Robinson

⑧ Skytrain-Station Nana

GUT ZU WISSEN

DIE BASICS FÜR DEINEN STÄDTETRIP

ANKOMMEN

ANREISE

In der Hochsaison (Dezember bis Anfang Februar und Ende Juni bis August) kosten Flüge nach Bangkok ab 1300 Euro (inkl. der neuen Touristengebühr von 8 Euro pro Person). Internationale Flüge landen auf dem Flughafen Suvarnabhumi *(bangkokairportonline.com)*. Der Flug ab Frankfurt/Main dauert etwa 11 Stunden.

AUSKUNFT VOR DER REISE

Auskunft erteilt das *Thailändische Fremdenverkehrsamt (Kirchnerstraße 6–8 | Tel. 069 1 38 13 90 | thailandtourismus.de)* in Frankfurt. Die Schweizer Repräsentanz in Bern *(Tel. 03 13 00 30 88 | tourismthailand.ch)* ist nicht auf Publikumsverkehr eingestellt. Broschüren gibt es über die Websites, gute allgemeine Informationen findet man auf *tourismthailand.org/destinations.*

+ 6 Stunden Zeitverschiebung

Während der europäischen Sommerzeit beträgt der Unterschied zur mitteleuropäischen Zeit nur plus fünf Stunden.

EINREISEBESTIMMUNGEN

Ein Aufenthalt ohne Visum ist bei Einreise mit dem Flugzeug und auf dem Landweg bis zu 30 Tage möglich. Achtung: Die Einreise über Land ist nur zweimal pro Kalenderjahr gestattet. In jedem Fall muss der Reisepass noch mindestens sechs Monate gültig sein. Kinder benötigen ein Kinderreisepass. Wer länger bleiben möchte kann online ein kostenpflichtiges E-Visa beantragen *(thaievisa.go.th)*. Eine persönli-

Maskentänze lassen alte Sagen und Märchen lebendig werden

che Beantragung in der Botschaft oder per Post ist nicht möglich!
Zuständig für Fragen bei der Visumserteilung sind die *Königlich-Thailändischen Botschaften* in Deutschland *(Lepsiusstr. 64–66 | 12163 Berlin | Tel. 030 79 48 10 | thaiembassy.de)*, Österreich *(Cottagegasse 48 | 1180 Wien | Tel. 01 478 33 35 | thaiembassy.at)* und der Schweiz *(Kirchstr. 56 | 3097 Bern-Liebefeld | Tel. 031 9 70 30 30 34 | thaiembassy.ch)*.

KLIMA & REISEZEIT

Die angenehmste Reisezeit für Bangkok ist die „kühlere" Trockenzeit von November bis Februar. Tagsüber herrschen sommerliche Temperaturen um die 30/31° C, nachts 20–23° C. Zwischen März und Mai wird es sehr heiß mit Tagestemperaturen um die 34/35° C und mehr, nachts um die 25/26° C. In der anschließenden Regenzeit von Mai/Juni bis Oktober gehen die Temperaturen wieder leicht zurück, dafür steigt die Luftfeuchtigkeit. *tmd.go.th/en, wetteronline.de/wetter/thailand*

TRANSFER IN DIE STADT

Eine Fahrt in die Stadt kostet mit einem öffentlichen Taxi je nach Ziel und aktueller Verkehrslage (viele Staus) zwischen 11 und 14 Euro.
Die privaten Limousinen, die ankommenden Besuchern gleich hinter dem Sicherheitsbereich angeboten werden,

Adapter Typ A

Adapter Typ B

Die Stromspannung beträgt 220 Volt, oft sind auch die bei uns üblichen Steckdosen vorhanden, sodass gar kein Adapter benötigt wird.

sind sehr teuer und sollten am besten ignoriert werden.

Der schnellste und billigste Weg in die Stadt führt über die Hochbahnstrecke *Airport Rail Link (tgl. 6–24 Uhr)*. Die *Express-Linie* fährt für 90 Baht in nur 15 Minuten nonstop vom Flughafen zum *Makkasan-Terminal* mit Verbindung zur U-Bahn-Station Phetchaburi. Die *City-Linie* hält an allen sechs Stationen zwischen Airport und Endstation Phaya Thai (dort Verbindung mit der Hochbahnstrecke des Skytrain). Sie benötigt für die 28 km ca. 30 Minuten, Fahrpreis bis zur Endstation 45 Baht. Infos über (fast) alle Verkehrsmittel auf einen Blick (teils veraltete Preise): *transitbangkok.com*

ZOLL

Vor der Grenzabfertigung muss eine Zollerklärung *(Passenger Declaration Form)* ausgefüllt werden, die man beim Zoll abgibt. Verboten ist die Einfuhr von E-Zigaretten, Vaporizern, Waffen, Drogen und Pornografie. Für die Ausfuhr von Buddhastatuen, Antiquitäten und Tierprodukten braucht man eine Genehmigung des *Department of Fine Arts (Tel. 0 21 26 62 52)*. Es gelten folgende Freimengen in die EU: 200 Zigaretten oder 50 Zigarren oder 250 g Tabak, 1 l alkholische Getränke mit mehr als 22 Vol.-% Alkoholgehalt oder 2 l mit bis zu 22 Vol.-% sowie andere Waren im Wert von bis zu 430 Euro; in die Schweiz: 250 Zigaretten, 5 l alkoholische Getränke mit bis zu 18 Vol.-% und 1 l mit mehr als 18 Vol.-% sowie andere Waren im Wert von bis zu 300 Franken. *zoll.de | bazg.admin.ch | bmf.gv.at*

MOBIL SEIN

SKYTRAIN (BTS)

Die Hochbahn *(tgl. 6–24, je nach Haltestelle auch schon 5 Uhr und bis 1 Uhr | bts.co.th/eng)* ist Bangkoks bestes (Sight-Seeing-)Verkehrsmittel: Die Silom-Line führt von Bang Wa in Thonburi bis zur Station National Stadium, die Sukhumvit Line von Mo Chit im Norden der Innenstadt bis nach Bearing. Tickets kosten je nach Zone 16 bis 44 Baht, die Tageskarte *(day pass)* gibt es für 150 Baht. Ein Kombiticket mit der U-Bahn *(spider card)* ist geplant.

U-BAHN (MRT)

Der Ausbau der U-Bahn *MRT (tgl. 6–24 Uhr)* wird stark vorangetrieben. Für Touristen besonders interessant ist die *Blue Line*, die seit 2019 auch die Altstadt bedient. Auf der Strecke liegen der Hauptbahnhof Hua Lampong (Chinatown), die Silom (Anbindung zur Skytrain-Station Sala Daeng) und Sukhumvit Road (Anbindung zur Skytrain-Station Asok) sowie der Chatuchak Weekend Market. Die *Purple Line* fährt aktuell nur im Nordwesten der Stadt. Bei Redaktionsschluss stand die Eröffnung der *Orange Line* bevor. Für die Metro gibt es eine wiederaufladbare MRT+-Karte für 180 Baht. *metro.bemplc.co.th*

TAXI & TUK-TUK

Man muss in den Taxis darauf achten, dass der Fahrer den Taxameter einschaltet. Es ist stets besser, ein fahrendes Taxi herbeizuwinken, als sich von Fahrern ansprechen zu lassen. Der

erste Kilometer kostet 35 Baht, jeder weitere 6 Baht (ab 10 km gestaffelt mehr). Lass dir deine Ziele am besten im Hotel auf Thai aufschreiben. Grab-Taxis sind per App zu bestellen und sind billig und zuverlässig.
Das Tuk-Tuk ist eine dreirädrige Motorradrikscha und wird praktisch nur noch von Touristen genutzt – deshalb gibt es hier auch viele schwarze Schafe. Die Fahrt wird garantiert teurer als mit dem Taxi (und noch teurer in den neuen E-Tuk-Tuks). Erfrag an der Hotelrezeption einen angemessenen Preis. Mehr als 150 Baht sollte man für eine kurze Stadtstrecke nicht bezahlen (ca. 70–80 Baht für 1 km).

BOOT
Auf dem Chao Phraya fahren Expressboote flussauf- und flussabwärts *(Mo–Fr 6–20, Sa, So 6–19 Uhr, Orange Flag ständig, Green und Yellow Flag nur in der Rushhour | chaophrayaexpressboat.com | ab ca. 16 Baht).* An den Piers *(tha)* queren außerdem Fährboote über den Fluss nach nach Thonburi. Die *Chao Phraya Tourist Boats (tgl. ca. 8.30–19.15 Uhr | Hop-on-Hop-off-Tagesticket ca. 150 Baht, Einzelticket 50 Baht | chaophraya touristboat.com)* mit der blauen Flagge gondeln an vielen Sehenswürdigkeiten zwischen den Piers Phra Athit und Sathorn vorbei. Quer durchs Zentrum fahren auch die *Khlong Saen Saep Boats (Mo–Fr 5.30–20.30, Sa, So 5-30–19 Uhr | 10–20 Baht | transitbangkok.com/khlong_boats.html)* über den Kanal Saen Saep. Schneller und günstiger geht's kaum durch die Stadtmitte als auf den beiden Linien, die sich am Central Pier in Pratunam treffen.

BUS
Private und kommunale Busse verkehren in der gesamten Stadt. Ein Stadtplan, auf dem die Buslinien eingezeichnet sind, ist kostenlos bei der Tourism Authority of Thailand (TAT) oder im Buchhandel erhältlich, ebenso auf *bmta.co.th (Call-Center-Tel. 13 48).*

WAS KOSTET WIE VIEL?

Obst	50 Cent *für eine Mango*
Bier	ca. 2 Euro *für eine Flasche (0,3 l) im Lokal*
T-Shirt	4 Euro *auf Straßenmärkten*
Taxi	knapp 1 Euro *für den ersten, danach 17 Cent pro km*
Eintritt	ca. 2,50–5 Euro *Tempel oft billiger*
Nudelsuppe	ca. 1 Euro *in der Garküche*

VOR ORT

AUSKUNFT IN BANGKOK
Die Infoschalter der *Bangkok Tourism Division (BTD)* sind über das ganze Stadtgebiet verteilt, in der Zentrale gibt es die besten Infos. *Mo–Fr 8–19, Sa/So 9–17 Uhr | 17/1 Phra Athit Road, nahe dem Nationaltheater | Tel. 0 22 25 76 13.*
Informationen gibt es auch bei der *Tourism Authority of Thailand (TAT-Hauptbüro tgl. 8–16.30 Uhr | 1600*

New Phetchaburi Road (nahe Sukhumvit Soi 3) | Tel. 0 22 50 55 00) sowie Infoschalter in der Altstadt und am Flughafen in der Ankunftshalle. *TAT Call Center: 1672 (tgl. 8–16 Uhr).*
Empfehlenswerte Reisebüros mit deutschsprachigen Reiseführern und interessanten (individuellen) Stadttouren sind *Green Mango: green-mango.net*; *Green Bangkok Touren: greenbangkok-touren.de* und *Bangkok Vanguards: bangkokvanguards.com.*

FEIERTAGE

1. Jan.	Neujahr
Vollmond im Februar	*Makha Pucha*
6. April	*Chakri-Tag*
13.–15. April	*Songkran*
1. Mai	Tag der Arbeit
5. Mai	Krönungstag von König Bhumibol
Vollmond im Mai	*Visakha Pucha* (Buddhas Geburt, Erleuchtung und Tod)
Vollmond im Juli	*Asalha Bucha* (Buddhas erste Predigt)
1 Tag nach Asalha Bucha	*Khaopansa* (Beginn der buddhistischen Fastenzeit)
28. Juli	Geburtstag on König Maha Vajiralongkorn
12. Aug.	Geburtstag von Königin Sirikit
13. Okt.	Todestag von König Bhumibol
23. Okt.	*Chulalongkorn-Tag*
5. Dez.	Geburtstag von König Bhumibol
10. Dez.	Tag der Verfassung
31. Dez.	Silvester

GEPÄCKAUFBEWAHRUNG

An Flughäfen, den beiden (Haupt-) Bahnhöfen, vielen U-Bahn- sowie Skytrain-Bahnhöfen *(lockbox-th.com)* kann man sein Gepäck gegen Gebühr aufbewahren, gratis in den meisten Gästehäusern und Hotels.

MEHRWERTSTEUER

Viele der besseren Geschäfte, Restaurants und Hotels erheben auf den Preis eine Mehrwertsteuer *(value added tax, VAT)* von 7 Prozent. Bei anderen heißt es *VAT included* (im Preis schon drin). Man kann die Mehrwertsteuer bei der Ausreise zurückbekommen, wenn man Waren (keine Edelsteine!) im Wert von mindestens 5000 Baht in Geschäften mit dem Zeichen *VAT Refund for Tourists* einkauft, den Reisepass dabeihat, sich die entsprechenden Formulare geben lässt und pro Geschäft mindestens 2000 Baht ausgibt. Waren und Rechnungen müssen dem VAT-Refund-Büro im Flughafen präsentiert werden. *rd.go.th/vrt*

TELEFON & HANDY

In Thailand ist die Ortsvorwahl integraler Bestandteil der Telefonnummer, im Fall Bangkok *02*. Vorwahl aus dem Ausland nach Thailand *0066* plus Ortsvorwahl ohne Null. Vorwahl Deutschland *00 149*, Österreich *00 143*, Schweiz *00 141*, dann die Ortsvorwahl ohne die Null wählen.
Das mitgebrachte Handy wählt sich automatisch in das Netz des thailändischen Partners deiner Mobilfunkgesellschaft ein. Die Roaminggebühren sind sehr hoch.
Am günstigsten telefoniert man mit einer thailändischen SIM-Karte. Diese wiederaufladbare Karte gibt es in vielen Shops und in allen 7-Eleven-Läden. (Reisepass mitnehmen!). Mit der offiziellen Vorwahl 00 149 kostet der Anruf nach Deutschland ca. 26 Cent pro Minute. Die thailändischen Mobilfunkfirmen bieten aber auch eigene Billigvorwah-

len mit wesentlich günstigeren Tarifen an, z. B. *True Move (truemoveh.truecorp.co.th, mit Vorwahl 00 600)* ab 3 Cent pro Minute ins Festnetz und 16 Cent pro Minute in die Mobilfunknetze, außerdem *DTAC (dtac.co.th, mit Vorwahlen 007, 008, 009)* und *AIS (ais.co.th)* mit 13 bis 24 Cent pro Minute. DTS und AIS sind bekannt für Betrügereien am Flughafen, also aufpassen, welche Sim-Karte mit wie viel Guthaben tatsächlich verkauft wird. Außerdem möglich: ein Rückruf aus Deutschland im Hotelzimmer über die spottbilligen Call-by-Call- oder Call-through-Nummern.

Umsonst geht es natürlich auch: von Skype zu Skype *(skype.com)*, aufs Handy mit gekauftem Guthaben bei Skype-Out oder per Whatsapp im WLAN.

Wasserspaß zu Songkran

TRINKGELD

In sehr einfachen Lokalen oder an Essensständen ist Trinkgeld nicht üblich. Bessere Restaurants erheben eine *service charge* (Bedienungszuschlag) von 10 Prozent. Man gibt Trinkgeld nur, wenn der Service besonders gut war. In Restaurants ohne *service charge*, aber mit freundlichem Service sind 10 Prozent Trinkgeld angemessen. Viele Hotels erheben auf den Zimmerpreis ebenfalls eine *service charge*. Gleichwohl freuen sich Hotelbedienstete über einen kleinen Schein. Trinkgeld für Taxifahrer ist dagegen nicht üblich.

WÄHRUNG & GELD

Im Umlauf sind Münzen zu 1, 2, 5 und 10 Baht sowie Scheine zu 20, 50, 100, 500 und 1000 Baht.

Banken haben in der Regel Mo bis Fr von 8.30 bis 15.30 Uhr geöffnet, Wechselschalter oft tgl. bis 22 Uhr. Mit einer EC-/Girokarte bekommt man Geld an allen neueren Automaten *(ATM, automatic teller machine)* mit dem V-Pay-Zeichen. Visa-Karten werden von allen großen Banken akzeptiert, auch Mastercard/Eurocard ist weit verbreitet. Mit der American Express Card erhält man nur bei den Filialen der Bangkok Bank Bargeld.

Für Bargeldabhebungen per Automat verlangen alle Banken immer eine Gebühr von derzeit 220 Baht – egal wie hoch die Abhebesumme ist. Daher ist bei kleineren Summen der Bargeldwechsel an der Hotelrezeption oder beim lizenzierten Geldwechsler günstiger. Bei Verlust der Karte sofort sperren lassen *(Tel. 116 116)*. Kreditkarten werden in vielen Geschäften nur gegen einen – nicht korrekten! – Aufschlag von ein paar Prozent akzeptiert. Aktuelle Kurse bieten Währungsrechner wie *oanda.com*.

NOTFÄLLE

DIPLOMATISCHE VERTRETUNGEN

Deutsche Botschaft
Mo–Fr 8.30–11.30 Uhr | 9 South Sathorn Road | 10120 Bangkok | Tel. 0 22 87 90 00 | Mobiltel. für Notfälle 08 18 45 62 24 | bangkok.diplo.de | U-Bahn Lumphini | J–K7

Österreichische Botschaft
Mo–Fr 9–12 Uhr | South Sathorn Road | Q. House Lumphini | 10120 Bangkok | Tel. 0 21 05 67 10 | short.travel/ban10 | U-Bahn Lumphini | K7

Schweizer Botschaft
Mo–Fr 9–11.30 Uhr | 35 North Wireless Road (Thanon Witthayu Nuea) | 10330 Bangkok | Tel. 0 26 74 69 00 | eda.admin.ch/bangkok | Skytrain Ploen Chit | K5

GESUNDHEIT

Die ärztliche Versorgung ist ausgezeichnet, z. B. im *Bumrungrad Hospital (33 Sukhumvit Road, Soi 3 | Tel. 02 66 88 88 | bumrungrad.com | Skytrain Nana)*, das viele Patienten aus Europa, den Golfstaaten und den USA aufsuchen, weil hier Behandlungen billiger sind als in ihren Heimatländern. Krankenwagen müssen direkt vom Krankenhaus angefordert werden. Fast alle Medikamente sind in den Apotheken rezeptfrei zu haben und wesentlich günstiger als in Europa. Bei Garküchen kann man ohne große hygienische Bedenken zugreifen, Leitungswasser allerdings sollte nur zum Zähneputzen verwendet werden.

Spezielle Impfungen sind für Bangkok und die Stadtregion nicht vorgeschrieben, einige aber zu empfehlen. Informationen dazu gibt es beim *Auswärtigen Amt (auswaertiges-amt.de)* und der *Deutschen Gesellschaft für Tropenmedizin (dtg.org)*. Bangkok gilt als malariafrei, allerdings nehmen die Fälle von Denguefieber-Erkrankungen (nicht nur in Thailand) rapide zu. Bis jetzt gibt es keine Impfung gegen das Virus, das vor allem in der Regenzeit durch den Stich der tagaktiven Gelbfieber- oder Tigermücke übertragen wird. Die Symptome ähneln einer schweren Grippe, die Infektion kann in einzelnen Fällen tödlich verlaufen. Allerdings haben sich Thailands Mediziner nach eigener Aussage auf die Situation eingestellt, auch ein Impfstoff soll in absehbarer Zeit auf den Markt kommen. Schutz bieten helle, langärmelige Kleidung, Sprays und Räucherspiralen *(weitere Informationen auf dtg.org)*. Meide stehendes Wasser! Auf jeden Fall empfiehlt sich eine Auslandskrankenversicherung mit Rücktransport ins Heimatland im Notfall.

NOTRUF

Für Touristen zuständig ist die Tourist Police, die landesweit unter *Tel. 11 55* verständigt werden kann, um Sprachprobleme zu vermeiden.

WICHTIGE HINWEISE

KRIMINALITÄT

Leider ist es schon zu Betrugs- und Erpressungsversuchen von korrupten Polizisten wegen Bagatelldelikten gekommen, in diesen Fällen wendet man sich gleich an die jeweilige Botschaft. Trickbetrüger wie Tuk-Tuk-Schlepper, selbst ernannte Bettelmönche oder vermeintliche Englischlehrer sind harmlos, wenn man seinen gesundem Menschenverstand walten lässt.

Wer mit Drogen erwischt wurde, musste mit drakonischen Folgen bis hin zur Todesstrafe rechnen. Mittlerweile darf Cannabis (Marihuana, *ganja*) aus wirtschaftlichen Gründen legal ge- und verkauft und konsumiert werden (ab 20 Jahre, Export bleibt verboten, ebenso Heroin). Der Konsum in der Öffentlichkeit ist jedoch weiterhin verboten.

Das Auswärtige Amt rät seit den wiederholten Bombenanschlägen 2015–2017 und wegen zunehmender Kriminalität zu erhöhter Vorsicht *(auswaertiges-amt.de)*.

SPERRSTUNDEN

Die nächtliche Sperrstunde gilt ab 1 Uhr, in einigen ausgewählten Nightlifebezirken ab 2 Uhr.

WETTER IN BANGKOK

	JAN.	FEB.	MÄRZ	APRIL	MAI	JUNI	JULI	AUG.	SEPT.	OKT.	NOV.	DEZ.
Tagestemperaturen	32°	33°	34°	35°	34°	33°	32°	32°	32°	31°	31°	31°
Nachttemperaturen	20°	23°	24°	26°	25°	25°	25°	24°	24°	24°	23°	20°
Sonnenschein Stunden/Tag	8	8	8	10	8	6	5	5	5	6	7	8
Niederschlag Tage/Monat	1	2	3	4	13	14	15	15	17	13	4	1
Wassertemperatur in °C	26	27	27	28	28	28	28	28	28	27	27	27

Sonnenschein Stunden/Tag   Niederschlag Tage/Monat   Wassertemperatur in °C

SPICKZETTEL ENGLISCH

NÜTZLICHES

Wo finde ich einen Internetzugang/WLAN?	Where can I find internet access/Wifi?	wär känn ai faind 'internet 'äkzäss/waifai?
Ich möchte … Euro wechseln.	I'd like to change … euro.	aid laik tu tschäindsch … iuhro
Ich möchte ein Auto/ein Fahrrad mieten.	I would like to rent a car/a bicycle.	ai wud laik tə ränt ə kahr/ ə 'baisikl.
Darf ich fotografieren?	May I take a picture?	mäi ai täik ə 'piktscha?
Fahrplan/Fahrschein	schedule/ticket	'skädjuhl/'tikət
Fieber/Schmerzen	fever/pain	fihvə/peyn
Apotheke/Drogerie	pharmacy/chemist	'farməssi/kemist
kaputt/funktioniert nicht	broken/doesn't work	'brəukən/'dasənd wörk
Panne/Werkstatt	breakdown/garage	'bräikdaun/'gärasch
Hilfe!/Achtung!/ Vorsicht!	Help!/Attention!/Caution!	hälp/ə'tänschən/'koschən

ZEIGEBILDER

ESSEN & TRINKEN

Die Speisekarte, bitte.	**The menu, please.**	Də 'mänjuh plihs
Messer/Gabel/Löffel	**knife/fork/spoon**	naif/fohrk/spuhn
Salz/Pfeffer/Zucker	**salt/pepper/sugar**	sohlt/'päppə/'schuggə
Essig/Öl	**vinegar/oil**	'viniga/oil
mit/ohne Eis/ Kohlensäure	**with/without ice/gas**	wiD/wiD'aut ais/gäs
Vegetarier(in)/Allergie	**vegetarian/allergy**	wätschə'tärIən/ 'ällədschi
Rechnung/Quittung	**bill/receipt**	bill/ri'ssiht
Ich möchte zahlen, bitte.	**May I have the bill, please?**	mäi ai häw De bill plihs
bar/Kreditkarte	**cash/credit card**	käsch/krädit kahrd

THAI SPRECHEN

Kursives (= männliche Form) ist bei Bedarf entsprechend durch [...] (= weibliche Form) zu ersetzen.

Ja./Nein.	*kap [ka]*, tschai/mai tschai	ครับ(ค่ะ) ใช่/ไม่ใช่
Bitte./Danke.	koo ... noi/kop khun *kap [ka]*	ขอ...หน่อย/ขอบคุณครับ(ค่ะ)
Entschuldigung!	koo thoot	ขอโทษ !
Guten Tag!/Guten Abend!	sawadii *kap[ka]*	สวัสดีครับ(ค่ะ)
Auf Wiedersehen!	sawadii	สวัสดี !
Ich heiße ...	tschan dschu ...	ฉันชื่อ ...
Ich komme aus ...	tschan ma dschag ...	ฉันมาจาก ......
... Deutschland.	... pratet Jeraman	ประเทศเยอรมัน
... Österreich./Schweiz.	... pratet Austria/Switzerland	ประเทศออสเตรีย/ประเทศสวิส
Ich verstehe Sie nicht.	tschan mai kautschai khun	ฉันไม่เข้าใจคุณ
Wie viel kostet es?	ni laka taulai	นี่ราคาเท่าไร ?
Bitte, wo ist ...?	koo toot *kap [ka]* ... juu thi nai	ขอโทษครับ(ค่ะ) ... อยู่ที่ไหน ?

1	nüng	หนึ่ง	5	haa	ห้า	9	gau	เก้า
2	soong	สอง	6	hok	หก	10	sip	สิบ
3	saam	สาม	7	dschet	เจ็ด	20	jii sip	ยี่สิบ
4	sii	สี่	8	bäät	แปด	100	nüng roi	หนึ่งร้อย

BANGKOK FEELING

ZUM EINSTIMMEN & AUSKLINGEN

LESESTOFF & FILMFUTTER

THAILAND FÜRS HANDGEPÄCK (2007)

Was passiert bei einer „Highway-Familie" im Bangkoker Stau? Wie lebt es sich als Bettler in der „Stadt der Engel"? Das erfährst du in dieser Sammlung von Geschichten einheimischer Autoren.

NANA PLAZA (2001)

Ein Klassiker: Spannend und mit viel Lokalkolorit führt der Krimi von Christopher Moore ins gleichnamige Barviertel in Bangkok und in die Unterwelt. Auf Deutsch gibt es insgesamt vier Abenteuer des Privatdetektivs Vincent Calvino.

HANGOVER 2 (2011)

Die Komödie brachte nicht nur die Skybar im Lebua at State Tower zum Überquellen, alle wollten ab nun auch in die Soi Cowboy (von den Filmbars hat hier allerdings nur noch die Tilac Go Go Bar überlebt) und heute mundet anstelle des Hangovertini zumindest noch der Thai-Tini in der Skybar.

ONG-BAK (2003)

In Thailand ist er ein absoluter Superstar: Tony Jaa kickboxt sich durch Prachya Pinkaews Kultstreifen, u.a. mit spektakulärer Tuk-Tuk-Verfolgungsjagd quer durch Bangkok

PLAYLIST QUERBEET

0:58

PLOYCHOMPOO AKA JANNINE WEIGEL – HEART STOP
Hinter dem jungen Pop- und Youtube-Star, der zugleich extrem erfolgreiche Werbefigur und Jung-Schauspielerin ist, verbirgt sich eine: Thailand-Deutsche …

BIG ASS – LOVE
Handgemachter, melodischer Rock, seit 20 Jahren in den Thai-Charts und bei Preisverleihungen dabei – also die Thai-Rocker schechthin

EBOLA – STILL ALIVE
Hevy Metal aus dem „Land des Lächelns" – auch das geht (ab)

MURRAY HEAD – ONE NIGHT IN BANGKOK
Der Klassiker aus dem Musical „Chess" ist auch nach mehr als drei Jahrzehnten mittreißend – wie jeder andere Hit der beiden Abba-Männer Benny und Björn.

Den Soundtrack zum Urlaub gibt's auf **Spotify** unter **MARCO POLO Thailand**

Oder Code mit Spotify-App scannen

AB INS NETZ

TRAVELFISH
Freche Schreibe, Lob und Kritik. Die coolste Website für Budgetreisende auf der Suche nach preiswerten Unterkünften *(travelfish.org)*.

WHAT'S ON
Jede Menge Tipps für Foodies und Tattooies, Biker und Entdecker, nicht nur rund um die Sukhumvit-Meile von Bangkok *(whatsonsukhumvit.com)*.

360 CITIES
Einmal 360 Grad durch Bangkok: Mit den Panoramafotos kann man sich schon mal einstimmen auf Königspalast, Tempel und Märkte – ganz ohne Youtube-Wackeln und peinliche Kommentare *(360cities.net)*.

DLT CHECK IN/GRAB
Die Apps fürs Taxifahren. Mit Grab fährst du sicher, günstig, ohne Preisgeschacher oder große Wartezeit.

BANGKOK TRANSIT GUIDE
Mit Bus, Skytrain, U-Bahn und Flussbooten unterwegs: Die kostenlose App ist ein wertvoller Guide und liefert auch Infos zu Sehenswürdigkeiten.

TRAVEL PURSUIT

DAS MARCO POLO URLAUBSQUIZ

Weißt du, wie Bangkok tickt? Teste hier dein Wissen über die kleinen Geheimnisse und Eigenheiten von Stadt und Leuten. Die Lösungen findest du in der Fußzeile. Und ganz ausführlich auf den S. 20–25.

❶ Wie bezeichnen Thais scherzhaft eine traditionelle Thai-Massage?
a) Yoga für Faule
b) Schwitzkur für Masseure
c) Meditation für den Körper

❷ Wie viel Prozent Buddhisten gibt es in Thailand?
a) 32
b) 64
c) 95

❸ Womit schützen sich die Thais vor Unglück?
a) mit einem kräftigen Schluck Rum
b) mit lilafarbener Kleidung am Sonntag
c) mit gesegneten Amuletten

❹ Wer regiert (in) Thailand?
a) der neue König
b) das Militär
c) die „Rothemden"

❺ Woran erkennt man thailändische *butterflies*?
a) am Adamsapfel
b) am Gesang
c) an den schillernden Flügelfarben

❻ Für wen bauen die Thais so schöne bunte Puppenhäuschen?
a) für die Hauskatze
b) für den Schlangengott
c) für die Geister

Lösungen: 1a, 2c, 3c, 4b, 5a, 6c, 7a, 8b, 9b, 10b, 11c, 12c

Wat Pho ist das älteste und größte buddhistische Tempelkloster in Thailands Hauptstadt

7 Wer wird mit einem „wai" begrüßt?

a) Gleich- und Höherrangige
b) Kinder
c) Bettler

8 Was ist das beste Outfit für einen Tempelbesuch?

a) High Heels um den erhöhten Buddhafiguren möglichst nahe zu kommen, auch spirituell
b) schulter- und kniebedeckende Kleidung
c) Bikini, um sich im Tempelinnern mal so richtig zu erfrischen

9 Wonach schmecken einige Insekten?

a) nach Currywurst
b) nach Popcorn
c) nach Reinigungsmittel

10 Wie heißt das indische Helden-Epos Ramayana auf thailändisch?

a) Rama and the King
b) Ramakien
c) The King and I

11 Wie viele Kinder stammen aus der Ehe von König Bhumibol Adulyadej und Königin Sirikit?

a) nur eins (der jetzige König)
b) zwei (eine Prinzessin)
c) vier insgesamt

12 Thailands unterschiedliche politische Lager heißen …

a) Blauhemden und Grünhemden
b) Schwarzhemden und Grauhemden
c) Rothemden und Gelbhemden

REGISTER

Altstadt 37, 52
Ancient City 57
Baan Kudichin 56
Baiyoke Sky Hotel 47
Bangkok Art and Culture Centre 49
Banglamphoo **37**, 66, 96, 98
Benjakitti Park **51**, 127
Calypso Cabaret 102
Central World 80, **82**, 102
Chakraphet Road 122
Chao Phraya 15, 16, 55, 66, 109, 116, 128, 131
Charoen Krung Road 85, 120
Chatuchak Weekend Market 22, **88**, 130
Chinatown 30, **41**, 67, 85, 108
Chinatown Heritage Centre 42
Chit Lada Palace 33
Convent Road 67
Democracy Monument 38
Dream World 57
Dusit Thani, Hotel 18
Eiserner Palast **53**, 125
Eiserner Tempel 37
Ekkamai 96
Erawan Shrine 18, 20, **50**
Fuang Nakhon Soi 1 123
General Post Office 120
Giant Swing 124
Golden Mount 37, **54**, 125
Goldener Berg 37, **54**, 125
Grand Palace 30, 31, **32**, 34, 37, 109, 116
Haroon-Moschee 119
Holy Rosary Church 121
Icon Siam 23
India Emporium Shopping Center 122
Indra Square 90
International Buddhist Meditation Centre 36
Jim Thompson House **48**, 118
Kamthieng House 51
Khao San Road 30, **38**, **96**, 102, 108, 118
Khlong Lad Mayom 54
Khlong Toey (Markt) 25
King Power Mahanakhon 15, **46**
Kloster des Liegenden Buddhas 31, **33**, 117, 123
König Bhumibol 40, 132
Königlicher Palast 31, **32**, 34, 37, 109, 116
Königliches Barkenmuseum **56**
Lak Muang 34
Little Arabia 126
Little India 122
Loha Prasat 37, **53**, 125
Lumphini Park **44**, 109
Madame Tussauds 50
Mah Boon Krong Center **83**
Mahachulalongkorn University 36
Mandarin Oriental Hotel 119
Marine Department 121
Marmortempel **56**, 108
Muang Boran 57
Museum of Siam 34
Muslimviertel 119
Nana Plaza **96**, 127
National Museum 30, 31, **35**
National Theatre 21
Pahurat **41**, 122
Pahurat Market 89
Pahurat Road 122
Pak Klong Talad 89
Patpong 44, **45**, 89, **96**, 108
Patpong Night Bazaar 46, **89**
Phra Athit Road 96
Phra Sumen Fort 41
Phukao Thong **54**, 125
Pi-Kun-Fußgängerbrücke 123
Platinum Fashion Mall 84
Ploenchit Road 18, 47
Pratunam 47
Pratunam Market 89
Rama I Road 18
Rama IV. 40, 132
Ratchadamri Road 18
Riesenschaukel 124
River City Shopping Complex **80**, 120
Royal Barges Museum **56**
Royal City Avenue 96, 97
Royal Plaza 109
Saen Saep (Kanal) 131
Sala Chalermkrung Royal Theatre 21
Sampeng Lane **42**, 122
Sanam Luang 20, 30, **35**, 109, 116
Sao Ching Cha 124
Saranrom Palace 37
Sathorn Pier 118
Sea Life Bangkok Ocean World 118
Siam Center 84
Siam Discovery Center 84
Siam Paragon 47, 80, **84**, 118
Siam Square **29**, **47**, **90**
Silom **44**
Silom Complex 84
Silom Road 44, **46**, 67, 91, 130
Skytrain 18, 118, **130**
Skywalks 30, 80
Snake Farm 44
So Heng Tai Mansion 43
Soi Bhopit Phimuk 122
Soi Cowboy 96, **97**, 108
Soi Rambuttri 66
Soi Sukha 123
Soi Thong Lo 96, 97
Soi Wanit **42**, 122
Sri Guru Singh Sabha 122
Sri Mariamman Temple 47
Suan Pakkad Palace 48
Suan Saranrom **37**, 123
Sukhumvit Road 18, **29**, **47**, **50**, 67, 91
Sukhumvit Soi 11 96, 98, 103
Surawong Road 91
Taksin Bridge 30
Talat Noi 43
Taling Chan 54
Tempel der Morgenröte 30, **55**, 71
Tempel des Smaragdbuddhas **32**, 108, 117
Terminal 21 **85**, 127
Thailand Cultural Centre 103
The National Gallery 40
Thonburi 16, 30, **55**, 131
Vishnu Mandir 124
Wat Arun 30, **55**, 71
Wat Benjamabophit **56**, 108